Magdeburg

© 1998 by
Verlag Atelier im Bauernhaus
28870 Fischerhude
Gestaltung:
Wolf-Dietmar Stock
Fax 04293/1238
Times 10.5/13.2
auf Werkdruck 90 gr 1 3/4 fach
Druck: Magdeburger Druckerei GmbH
ISBN 3-88 132 196-9

Titelgestaltung unter Verwendung
eines Fotos von Hans-Joachim Krenzke
Abbildung im Innentitel:
Detail Immermannbrunnen, Danzstraße

Magdeburg

Ein Jahrhundert in
Geschichten und Bildern

Herausgegeben

von Hans-Joachim Krenzke

Beim Erwachen

Fängt dein Traum Feuer,
Zerfällt die Fata Morgana der Nacht
Zu blendend weißer Asche,
Blüht aus ihr
Rotseiden Klatschmohn empor,
Gib acht,
Der tausendfedrige Flügelschlag
Des neugeborenen Lichts
Vermag dich zu verbrennen.

Hans-Joachim Krenzke

Inhaltsverzeichnis

Hans Heinz Stuckenschmidt
   Kindheit und Jugend 7
Joseph Roth
   Blick nach Magdeburg 17
Wolfgang Schreyer
   Vor Sonnenuntergang 25
Lotte Schröder
   Meine lieben guten Eltern! 31
Eva Felgenträger
   Plötzlich war Magdeburg eine geteilte Sadt 35
Irmgard Schröder-Hauptmann
   Blumen im Schutt 40
Walter Basan
   Was die Glocke geschlagen hat 41
Adalbert Schwarz
   Zu Hause ankommen 48
Wolfgang Schreyer
   Brigitte Reimann in Magdeburg 55
Friedrich Jakobs
   Der erste Tag meines Sommerpraktikums 71
Franz Fühmann
   Mein erster Barlachtraum 76
Horst Krüger
   Lachend durch den Sozialismus 80
Elisabeth Graul
   Weil es die Bäume gab 86
Hans-Joachim Krenzke
   Ein Orpheus des real existierenden Wahnsinns 93
Waltraut Zachhuber und Giselher Quast
   Anstiftung zur Gewaltlosigkeit 100
Johanna und Günter Braun
   Magdeburger Herbst 1989 113
Wolf-Dietmar Stock
   Ein Nachkomme Till Eulenspiegels 117
Dorothea Iser
   Schattenriß 122
Heinz Kruschel
   Korakel 129
Torsten Olle und Holm Meyer
   Dreizehn Stunden 135
Danksagungen, Rechtshinweise,
   Quellen- und Fotonachweise 142

Wochenmarkt am Reiterstandbild auf dem Alten Markt

Hans Heinz Stuckenschmidt
Kindheit und Jugend

Im Herbst 1912 wurde mein inzwischen zum Major avancierter Vater als Bataillonskommandeur im 13. Fußartillerieregiment nach Neu-Ulm versetzt. Kaum hatte ich mich an den völlig anderen Lehrplan des Ulmer württembergischen Realgymnasiums gewöhnt, da erfolgte 1913 die Versetzung nach Magdeburg, wo mein Vater 1914 Regimentskommandeur wurde. Ich kam auf die Bismarckschule, trug eine gelbe Schülermütze und war in Sprachen und Musik ein guter, in Mathematik und Physik ein leidlicher Schüler. Neben der Musik waren meine Hobbys Chemie und Photographie. Das Badezimmer wurde in ein Laboratorium und eine Dunkelkammer verwandelt, mußte aber abends wieder in seinen normalen Zustand zurückversetzt werden. Auch entdeckte ich um diese Zeit das fünfzehnbändige Meyersche Konversationslexikon mit den geheimnisvollen Titeln „A bis Astrabad", „Astrachan bis Bilk", dem vorletzten „Turkestan bis Zz" und dem Supplement. Mit beginnender Pubertät suchte und fand ich dort auch Belehrung über manches, was mir meine Mutter bei ihrem Versuch sexueller Aufklärung schamhaft verschwiegen hatte.

Wir wohnten im dritten Stock des Hauses Augustastraße 26, der späteren Hegelstraße. Ich befreundete mich bald mit dem zwei Jahre älteren Herbert Fredersdorf im selben Haus, der meine alte Liebe zur Musik und die erwachende zur Literatur teilte. Er ist später als Regisseur zum Film gegangen und hat nach 1945 gute filmische Beiträge zur Wiedergutmachung der Judenverfemung durch die Nazis geliefert.

Im Juli 1914 fuhren meine Eltern mit meinem Bruder und mir in die Schweiz, wo sie gern ihre Ferien verbrachten. Ich kam wieder in die Kinderpension am Ägerisee bei Zug, die mir schon im Vorjahr sehr gefallen hatte. Mit den meist aus Zürich stammenden Jungens und Mädels hatte ich köstliche Sommerwochen. Wir badeten im See, spielten Kricket, machten Ausflüge auf den Rigi und nach Kloster Einsiedeln und ahnten nichts von dem nahenden Krieg. Gleich nach der Ermordung des österreichischen Thronfolgers Franz Ferdinand in Sarajewo wurde mein Vater telegraphisch nach Magdeburg befohlen. Am Tag der deutschen Mobilmachung reisten meine Mutter, mein Bruder und ich aus Ägeri ab. Mein Bruder mußte auf raschestem Wege in die

Kadettenanstalt nach Lichterfelde; unser gemeinsames Ziel war Hannover. Die Reise, normalerweise knappe zwölf Stunden Eisenbahnfahrt, dauerte dreieinhalb Tage. Kein Zug ging regelmäßig, alle waren überfüllt, die Wege durch Militärtransporte blockiert. Wir übernachteten in Wartesälen, hatten kaum Gelegenheit, uns zu waschen, und unsere Erschöpfung stand in sonderbarem Gegensatz zu den Hurrarufen und den patriotischen Liedern von Soldaten und Zivilisten vor den Militärzügen, die an die Front nach Frankreich gingen.

Endlich in Magdeburg eingetroffen, fanden wir meinen Vater nicht mehr vor. Er und der Bursche Artur Menzel waren mit dem Regiment an die Front geschickt. Richtung unbekannt. Mein Bruder wurde sofort zum Leutnant befördert, traf meinen Vater an der Front in Nordfrankreich und ließ sich später zur türkischen Armee kommandieren, wo er bis zum Kriegsende als Oberleutnant diente. Aus Konstantinopel (dem heutigen Istanbul) brachte er hübsche Geschenke mit silbernen Intarsien mit. Zur Uniform trug er den türkischen Fez.

Mein Vater blieb an der Westfront. Als der deutsche Vormarsch zum Stehen kam, wohnte er längere Zeit in St. Quentin. Er avancierte zum Oberstleutnant und 1917 zum Oberst. Meine reiselustige Mutter setzte es durch, ihn und meinen Bruder in Frankreich besuchen zu dürfen. Wenn ich Sommerferien hatte, fuhr sie mit mir nach Wiesbaden, Kreuznach oder Baden-Baden. Seit 1916 gab es in Magdeburg Ernährungsschwierigkeiten. So entschloß sich meine Mutter, ganz in süddeutschen Hotels zu leben, wo man besser verpflegt war. Ich blieb monatelang ohne regelmäßigen Schulunterricht, fand aber Lehrer, die mich privatim weiterbrachten.

Der letzte Winter, den meine Mutter mit mir in Magdeburg durchhielt, war 1916 bis 1917. Bei mir entbrannte damals ein leidenschaftliches Interesse für moderne Literatur. Ich las Flauberts „November", Romain Rollands „Jean Christophe", Gustav Meyrinks „Golem" und die bunten Gedicht- und Prosabücher von Else Lasker-Schüler. Weihnachten kam mein Vater auf Urlaub. Er sah mit Staunen meine Lektüre, blätterte im „Golem", versuchte den „Tibetteppich" von der Lasker-Schüler zu verstehen und fragte meine Mutter, woher ich denn diese sonderbaren Bücher hätte.

Wir Schüler hatten einen literarischen Verein „Shakespeare" gegründet, in dem überwiegend moderne Sachen gelesen und durchgesprochen wurden. Mein bester Freund war damals Edgar Heinemann, der Sohn eines wohlhabenden Rechtsanwaltes. Als ich 1969 Vorträge in Israel hielt, überraschte mich der 1935 emigrierte Edgar, den ich 45 Jahre lang nicht gesehen hatte, durch einen Anruf. Wir trafen uns, und er erzählte mir eine Sache, von der ich nichts wußte. Mein Vater machte während des Weihnachtsurlaubs 1916 in Uniform Besuch bei Heinemanns. Er wisse, daß Edgar und ich befreundet seien, sagte er dem vornehmen jüdischen Ehepaar. Er freue sich auch über unsere gemeinsamen literarischen Interessen. Nur mache er sich etwas Sorge, wohin diese führten. Ob Heinemanns nicht auf ihren Sohn Edgar einwirken könnten, daß wir Freunde uns mit Büchern beschäftigten, die mehr dem Geiste Seiner Majestät des Kaisers entsprächen.

Das Bild des preußischen Oberstleutnants im Salon der jüdischen Familie, der er sein besorgtes Herz über den irrenden Sohn ausschüttet, hat mich zugleich belustigt und gerührt. Genützt hat aber die väterliche Intervention nichts. Doch traten 1917 bei mir musikalische Interessen wieder mehr in den Vordergrund. Ich hörte in Wiesbaden die Konzerte Carl Schurichts, der nicht nur die Kurmusik dirigierte, sondern auch große Orchester- und Chorkonzerte. Er stand völlig im Bann Gustav Mahlers und wagte im großen Saal des Kurhauses einen Mahler-Zyklus, der die meisten Symphonien des Meisters enthielt, die Chöre gesungen vom Frankfurter Cäcilienverein, in den Solopartien Sänger hohen Ranges. Diese erste Begegnung mit Mahlers Musik hat mich auf Lebenszeit beeindruckt und für sie gewonnen. Schurichts Dirigierkunst war damals auf ihrem ersten Höhepunkt. Ich hatte kurz vorher in Magdeburg Arthur Nikisch bei einem Gastkonzert bewundert, gab aber nun Schuricht den Vorzug. Durch Freunde meiner Mutter wurde ich dem kultivierten, glänzend aussehenden Manne vorgestellt. Er forderte mich auf, doch die Harmonielehre-Kurse zu besuchen, die er jeden Montagvormittag in einem kleinen Saal hielt. Es waren Stunden, die weit über das Gebiet der Harmonielehre hinaus in Fragen der Form, der Orchestrierung und der gesamtkulturellen Zusammenhänge führten und denen ich viel von meiner künstlerischen Einsicht verdanke.

Im Lesesaal des Kurhauses fand ich deutsche Musikzeitschriften und las sie regelmäßig. In der „Allgemeinen Musikzeitung" stand eine Notiz über zwei Opern eines Komponisten, den ich nicht kannte. Er hieß Arnold Schönberg. Die

Notiz enthielt höhnische Bemerkungen, die mich durch ihren Ton empörten. Irgend etwas an dem Pamphlet reizte mich, den Ursachen solchen Hohns nachzugehen. Ich fragte Schuricht, ob er etwas von Schönberg wisse. Ja, gewiß, das sei einer der umstrittensten und kühnsten Wiener Komponisten. Am folgenden Montag brachte er in seinen Kurs ein großes Buch mit, aus dem er einige Abschnitte vorlas. Es war Schönbergs „Harmonielehre" mit der Widmung an Gustav Mahler. Das genügte mir. Am selben Tag ging ich in eine Musikalienhandlung und fragte nach Schönbergschen Werken. Eines war vorrätig: die „Fünf Orchesterstücke" op.16. Ich kaufte sie, versuchte sie zu lesen, verstand nichts davon. Aber sie ließen mich nicht los, und bald verschaffte ich mir die Klavierstücke, einige Lieder und schließlich den „Pierrot Lunaire". Von Schuricht beraten, las ich damals viele musiktheoretische Bücher und arbeitete danach.

Mein Vater war über die Vernachlässigung der Schulpflichten rechtens besorgt. Er bat in seinen Feldpostbriefen dringend, die Wiederaufnahme meines Schulbesuchs in Magdeburg zu veranlassen. Das Problem wurde dadurch gelöst, daß ich in der Magdeburger Familienpension Raabe am Hasselbachplatz und meine Mutter in einer Wiesbadener Pension lebte. Der Zustand dauerte ein Jahr, bis November 1918, als der Krieg endete und die alte Ordnung des Kaiserreiches zusammenbrach. Dieses Jahr war für meine geistige Entwicklung entscheidend. Ein geistvoller und vielseitig interessierter Privatlehrer, Vinzenz Macha, half mir, mit dem Lehrplan der Bismarckschule Schritt zu halten. Er nahm mir obendrein viele Vorurteile, die aus meiner preußischen Erziehung stammten, vor allem die spöttische Skepsis gegen moderne Malerei. An Bildern von Hodler, Liebermann und französischen Impressionisten in dem ausgezeichneten Magdeburger Kaiser-Friedrich-Museum zeigte er mir den Unterschied zwischen Malerei und Photographie. Er lehrte mich die Grundgedanken von Impressionismus, Expressionismus und Futurismus. Auch in der Literatur verdanke ich ihm die Einsicht in philosophische, religiöse und politische Fragen, die für mich bis dahin von ästhetischen völlig verdeckt waren. Das Buch, das damals den stärksten Eindruck auf mich machte, war Kurt Hillers „Weisheit der Langeweile", von dem aus ich den Weg zu Karl Kraus, Franz Werfel, Max Brod und vielen anderen fand. Es war eine Literatur, die in keiner Weise „dem Geiste Seiner Majestät des Kaisers" entsprach.

Blick auf das am Breiten Weg gelegene Kaufhaus der Gebrüder Barasch, welches im Zuge der Hausbemalungen vom Berliner Künstler Oskar Fischer gestaltet wurde.

Wenn etwas die Düsterkeit der ersten Jahre nach dem verlorenen Krieg erhellte, dann war es die Kraft, mit der eine junge Generation an das neue Leben glaubte. Utopie schien die natürlichste Zukunft. Kein Lebens- und Denkensbereich, der nicht ganz von innen her, ganz radikal umzubauen war. Dichtung, Theater, Malerei, Architektur, Musik - alles Experimentierfelder unbegrenzter Möglichkeiten.

In diesen Jahren kam der Architekt Bruno Taut nach Magdeburg, wo er 1921 Stadtbaurat wurde. Er malte die langweiligen Etagenhäuser der Bahnhofsgegend wild an, in leuchtendem Blau, Rot und Gelb. Dabei hielt er sich nicht an die Fassadengrenzen, sondern ließ die farbigen Dreiecke, Quadrate und Rechtecke scheinbar willkürlich und auch schräg überlaufen von einem Haus zum anderen. Die Spießbürger schrien Zeter und Mordio, wir Jungen waren begeistert.

11

Meine Freundschaft mit Herbert Fredersdorf bestand weiter. Er machte mich Ende 1918 mit dem Maler Franz Jan Bartels bekannt, einem kleinen, buckligen Mann, der große Leinwände mit wilden Farbkompositionen bedeckte. In seinem Atelier lernte ich einen Kreis revolutionärer Maler, Bildhauer und Schriftsteller kennen, darunter Max Dungert, Bruno Beye, Erich Weinert und Robert Seitz. Es war die Zeit der Gruppenbildungen und Zeitschriftengründungen im republikanischen Deutschland. Ich hatte Herwarth Waldens „Sturm" und Franz Pfemferts „Aktion" abonniert. Aus Dresden kamen Heinar Schillings „Menschen" in riesigem Zeitungsformat.

Die turmreiche Stadtkulisse, von der einstigen Hindenburgbrücke aus gesehen

Bartels beschloß, mit uns eine Künstlervereinigung „Die Kugel" zu gründen und eine gleichnamige Monatsschrift herauszugeben. Das Blatt erschien Anfang 1919, brachte es aber nur auf zwei Nummern. Sie enthielten Lyrik von Weinert, Seitz, Fredersdorf, Musikaufsätze von mir, Graphik von Dungert, Bartels und Beye. Auch ein Konzert mit moderner Musik und einem kleinen Einführungsvortrag von mir kam zustande. Aber in der Gruppe entstanden Spannungen, einige sagten sich von Bartels los und gründeten eine Gegengruppe mit dem Namen „Wir aber". Ich war dabei. Es gab eine Gegenzeitschrift, deren erste Nummer die letzte bleiben sollte. Sie enthielt ein faksimiliertes Klavierstück von mir, „Expression: violett", und ein Pamphlet gegen Richard Strauss. Von den Magdeburger Expressionisten traf ich einige später in Berlin wieder. Robert Seitz hat für Hindemith den Text der Kinderoper „Wir bauen eine Stadt" geschrieben (1930), Dungert war ein erfolgreicher Maler und Mitglied der Novembergruppe. Weinert schloß sich der kommunistischen Bewegung an und wurde einer ihrer prominentesten Dichter und literarischen Wortführer.

Damals begann ich Karl Marx zu lesen. Ich büffelte halbe Nächte lang im „Kapital", übte dialektisches Denken ähnlich wie Klavierspielen und kenne mich noch heute in Begriffen wie „Mehrwert", „Tauschwert", „Reallohn" und englischen Maßen wie dem „bushel" besser aus als viele Journalisten á la mode, die Marx zitieren, ohne ihn studiert zu haben.

Um diese Zeit war ich ein blasser, kriegsgemäß etwas unterernährter Jüngling. Beim sonntäglichen Bummel auf dem Breiten Weg, meist zusammen mit Fredersdorf, sah ich mich nach hübschen Mädchen um, war aber zu schüchtern, sie anzusprechen. Mit einigen, die ich durch den etwas beherzteren Fredersdorf kennenlernte, gab es kleine Flirts, die aber nur selten in einen Kuß mündeten. Eros war mir noch viele Jahre lang wichtiger als Sexus.

Wie mein Vater als Oberst und Regimentskommandeur 1919 heimkehrte, konnte ich mich mit ihm kaum noch verständigen. Ich machte eine Grimasse gegen das Kaiserbild Wilhelms II., das über dem Schreibtisch hing und seinen Platz dort bis zu meines Vaters Tod 1941 hatte, gar nicht im Geist Adolf Hitlers, der für ihn ein österreichischer Gefreiter blieb.

In meinem Zimmer hatte ich mir ein Reich der Künste aufgebaut, das abseits der Familie und des Alltags lag. Hier las ich, komponierte expressionistische Lieder, studierte Bücher über moderne Malerei wie Hermann Bahrs „Expressionismus". Ein Bericht in der „Magdeburger Zeitung" machte mich auf den Dadaismus aufmerksam, seine Züricher Ursprünge im Cabaret Voltaire, seine Berliner Filiale um George Grosz. In der Buchhandlung Neumann fand ich etwas Material über Grosz, John Heartfield und Raoul Hausmann. Angeregt durch diese Modelle, setzte ich mich hin und klebte vier dadaistische Collagen zusammen. Mit einem begeisterten Brief schickte ich meine Produktion an George Grosz. Zu meinem freudigen Erstaunen kam nach wenigen Tagen Antwort aus Berlin. Er,

Grosz, und seine Freunde fänden die Arbeiten sehr gut. Sie würden 1920 bei der Berliner Internationalen Dadamesse ausgestellt. Und so geschah es. Der Katalog der Messe, vier Seiten im großen Zeitungsformat, enthält die Titel; mein Name war falsch gelesen, weil ich die Initialen HH zu einem Buchstaben zusammenzog. So heiße ich als dadaistischer Maler W. Stuckenschmidt. Als ich Anfang 1920 Grosz in Berlin am Belleallianceplatz besuchte, stellte er mich Heartfield, Hannah Höch, Erwin Piscator und Walter Mehring vor. Da der Titel des Musikdada schon an einen gewissen Preiß vergeben war, wurde ich zum Musikdada 2 ernannt. Natürlich verschwieg ich in so illustrer Gesellschaft, daß ich in Magdeburg noch die Oberprima der Bismarckschule besuchte.

Eine neue Halbmonatsschrift für Musik war im Februar 1920 erschienen: „Melos". Das schwarz-rote expressionistische Titelblatt von César Klein nannte als Herausgeber den mir noch unbekannten Hermann Scherchen. Unter den Mitarbeitern entdeckte ich Schönberg. Klopfenden Herzens las ich Scherchens Motto, seine Richtlinien für die Zeitschrift, sein Bekenntnis zu Schönberg. Ich schrieb einen Aufsatz „Melodie", der von Johann Sebastian Bach und Schönberg handelte, und schickte ihn der Redaktion. Keine Antwort. Aber am 16. September erschien er in der Nummer 15. Ich war achtzehn Jahre alt.

Über moderne deutsche Musik und bald auch durch die Wiener „Musikblätter des Anbruch" über österreichische wurde ich nun regelmäßig unterrichtet. Was aber gab es in Frankreich? Ich lernte Kurt Pinthus, den Leipziger Literaturpapst, kennen, der meine literarischen Versuche lobte, aber von Musik nichts verstand. Er gab mir die Adresse von Florent Fels, dem Herausgeber der Pariser Zeitschrift „L'Action". Auf meine Anfrage hin wies dieser mich an George Auric, der sofort antwortete. Ich erfuhr von Erik Satie, Jean Cocteau, den „Six". Die Editions de la Siréne schickten mir Noten von lauter Komponisten, deren Namen ich noch nie gehört oder gelesen hatte, auch nicht in „Melos". Es waren neben Auric und Satie die damals in Deutschland noch unbekannten Arthur Honegger, Darius Milhaud und Francis Poulenc. Dieser schickte mir die Partitur seiner „Rhapsodie Négre" mit einer Widmung. Ich habe sie noch.

Mit Schönberg hatte ihre Musik nichts zu tun, was mich zuerst enttäuschte. Aber rhythmisch zeigten sie neue Versuche, die mich fesselten. Da waren Einflüsse des Jazz, der in

Deutschland noch kaum bekannt war. Milhauds „Le Bœf sur le Toit" war von Tangomelodien genährt; den vierhändigen Klavierauszug spielte ich entzückt mit meiner Mutter. Auch neue Lieder von Igor Strawinsky hatte ich kennengelernt und in „Melos" 1920 schon besprochen.

Im April 1920 wurde mein Vater, der das Kommando des 4. Reichswehr-Artillerie-Regiments übernommen hatte, verabschiedet, später als Generalmajor a. D. pensioniert. Wir übersiedelten nach Bremen, wo er zeitweise wegen Entwertung seiner Pension kaufmännisch tätig war. Auf der Magdeburger Bismarckschule hatte ich mich durch die verschiedenen künstlerischen Tätigkeiten so unbeliebt gemacht, daß ich dort mein Abitur nicht machen wollte. Mein Vater schickte mich nach Hamburg zum Eppendorfer Realgymnasium. Trotz ausreichender Zensuren in den meisten Fächern fiel ich durch. Ich hatte meinen Aufsatz über das Thema „Die Bilanz des Krieges" mit so entschiedenen pazifistischen und marxistischen Akzenten versehen, daß er als ungenügend bewertet wurde.

Mein Vater war enttäuscht, aber mild. Er schlug mir vor, einen praktischen Beruf zu ergreifen und besorgte mir eine Lehrstelle bei der alten angesehenen Wollkämmerei in Delmenhorst. Daß ich sie nach einem orientierenden Besuch, bei dem ich dem Direktor vorgestellt wurde, nicht antrat, hatte künstlerische Gründe.

Bei einem Besuch der Bremer Kunsthalle sah ich vor einem Renoir-Bild einen auffallend kleinen Mann, dessen kluges jüdisches, mit einer schwarzen Hornbrille geschmücktes Gesicht ich von Photos kannte. Es war der Maler Karl Jakob Hirsch, bekannt durch seine Holzschnitte in fast jeder Nummer der „Aktion", erfolgreich als Ausstattungs-Chef der Berliner Volksbühne. Ich sprach ihn an; seine anfängliche Reserve schwand, als ich ihm sagte, ich komponiere und verehre Mahler und Schönberg.

Mahler war das Stichwort. „Dann müssen wir zusammen vierhändig spielen", sagte Hirsch und lud mich ein, zu ihm nach Worpswede zu kommen. Aus der Begegnung wurde eine Freundschaft auf Lebenszeit.

Ich fuhr am nächsten Sonntag nach Worpswede und kam in eine mir neue Welt. Das alte Dorf in der Moorlandschaft mit seinen strohbedachten Bauernhäusern, den Birken und Dorfkanälen gefiel mir sofort.

Joseph Roth
Blick nach Magdeburg

Ich komme vor Mitternacht an. Ich wußte, daß es regnen würde, es regnete wirklich. Dünn, dauerhaft, stilvoll. Durch die verhängten Fenster der Kaffeehäuser strömten gelbliches Licht, gedämpfter Paukenschlag und Tschinellenklang. Mit einer kühnen Entschlossenheit, die bei einem echten Seesturm angebracht gewesen wäre, verließen manche Gäste die Konditoreien. Das verschwenderische Licht der silbernen Bogenlampen in der leeren Straße wies gleichsam mehr dem Regen als ihnen den Weg. Alte Fassaden wirkten rührend zwischen der allzu betonten Sachlichkeit neuer Häuser, und alte Straßennamen boten mir, der ich sie nie gehört hatte, dennoch einen heimischen Klang. Nicht zu leugnen, daß diese Stadt mich rührte, bevor sie noch anfing, mir zu mißfallen. Wie nachsichtig wird man mit zunehmenden Jahren! Je mehr man wahrnimmt, desto weniger traut man seinen Sinnen. Hinter dem sinnlichen Eindruck, den die Dinge hergeben, vermutet man eine geheime, verborgene Wahrheit, die man zu verletzen fürchtet. Niemand ist so behutsam wie ein reifer Spötter, besonders wenn er die Empfindlichkeit der Fremdenverkehrsvereine und der örtlichen Zeitungen kennt. Sie dementieren alles, sogar Eindrücke! Seien wir versöhnlich! In meiner Erinnerung - Wochen sind seit meinem Besuch in Magdeburg vergangen - hat es einen wehmütigen Schimmer, ich will ihn nicht missen...

Der Breite Weg ist Magdeburgs Hauptstraße. Der Name erhält sich unverändert seit langer Zeit. Seine schlichte (aber auch selbstbewußte) Beständigkeit scheint mir für den guten Geschmack der Magdeburger Bewohner zu zeugen. Andre Städte hätten ihrer repräsentativen Straße vielleicht längst einen klangvolleren Namen gegeben. Ich mag in dieser einfachen Unwandelbarkeit einen Sinn für Geschichtlichkeit und Überlieferung sehen. Es gibt in deutschen Städten wenig Straßen, in denen sich der Charakter einer geschichtlichen „Verkehrsader" dermaßen sichtbar erhalten hätte. Immerhin scheint gegen die alte Treue der neue Eifer einer modernen baukünstlerischen Unsicherheit zu kämpfen, und der Ehrgeiz jener „neuen Sachlichkeit", die keinen Ort, keine Bewegung, keinen Verein, keine Gemeinschaft in Deutschland ruhen läßt, unterbricht die ehrlichen Gesichter der erhaltenen Fassaden durch eine gewollte,

Der Alte Markt mit Rathaus und Johanniskirche

kühne Kälte, eine glatte, sachliche, unangenehm betonte Gesinnung aus Beton. In dieser überdeutlichen Zweckmäßigkeit moderner Häuserkasten, ihrer breiten Fenster und flachen Dächer, der grausamen Absicht, Raum, Licht und Luft auszunutzen, Geld zu sparen und die Gesundheit von Mensch, Vieh und Maschine unerbittlich zu fördern, lebt der ganze Verbesserer- und Züchterhochmut dieser Zeit, die nicht aufhören kann, sich „kundzugeben"; und der hastige Ehrgeiz der kleineren Städte, die aus Angst, sie können hinter der Zeit zurückbleiben, sich beeilen, sie vorwegzunehmen, sie in ein Tempo zu verwandeln und ihre besten baukünstlerischen Tugenden zu verpatzen. Vor dem alten und in wirklicher Schönheit ehrwürdigen Dom, um den ein edler, stiller, ehrfürchtiger Platz seinen dunkelgrünen Kreis zieht, lagert das Reichsbankgebäude, ein schauderhaftes Muster neuzeitlicher Kasematten- und Fabrikkultur, eine steinerne Ohrfeige, hingehauen zu Füßen des Gotteshauses. Nun geht man daran, ein paar Bäume, die im Schatten des Domes ihre eignen Schatten spenden, abzuholzen. Ich könnte wetten, daß von heute in zehn Jahren die Liebe zum Wolkenkratzer und Steinbaukasten den Platz um den Dom und diesen selbst vernichtet haben wird. Dann wird auch das schöne Kaffeehaus am Platz, das Café Dom, geheiligter Tempel uralter Schachspieler, in dem ein verewigter Zigarrenrauch Decke, Säulen und Wände zauberhaft umdämmert, in einen modernen, „wirklich großstädtischen Betrieb" verwandelt sein aus Linoleum, Glas und verchromtem Metall, eine jener Hinrichtungsstätten mit Tanzmusik, die heutzutage Gaststätten heißen.

Das kleine Heft, in dem die Magdeburger „Stadthalle" beschrieben und erläutert wird, leitet ein Vorwort des Magdeburger Bürgermeisters ein, der meint: „Man muß sie lieben, die Magdeburger Stadthalle, wenn man sie erst einmal kennenlernte!"

Man soll einen Oberbürgermeister nicht unerbittlich beim Wort nehmen. Aber die immerhin beschränkten Möglichkeiten des menschlichen Gefühls, das „Liebe" heißt, dürften die riesigen Ausmaße der „Stadthalle" kaum überwältigen können. Das einzige Gefühl, das ich für dieses modernste aller Bauwerke in Deutschland aufbringen kann, ist Achtung. Die Stadthalle scheint mir ein gelungener, unheimlicher Versuch, dem Demos einen Palast zu bauen; der Versuch, die Würde der Menge darzustellen. Jede von den kleinsten Einrichtungen im riesengroßen Haus ist darauf berechnet, die Menge nicht die menschliche Würde verlieren zu lassen. Kleiderablagen, um die man sich nicht zu drängen braucht, Ein- und Ausgänge, um die man nicht kämpfen kann, ein sparsamer Überfluß an Raum, Raum, Raum, in dem jede leise Möglichkeit einer „Panik" erstickt und untergeht: das ist: Erziehung der Masse zur Selbstbeherrschung. Edles Holz, nackt, ohne Teppiche, einfache große, blaue und rote Vorhänge aus Samt; Decken aus braunsilbernem Holz; waagerechte Lichtbänder am Podium; schimmernde Nickelbeschläge; die größte Orgel Europas (wenn nicht der Welt), mit zehntausend Pfeifen! Es ist ein Triumph der Größe, der Zahl und der

Nützlichkeit. Vieles ist vorhanden, und nichts ist überflüssig. Das Praktische wird zum Würdigen erhoben, und die Würde ist dem Nützlichen zum Verwechseln ähnlich.

An diesem stillen Vormittag, an dem ich die Stadthalle durchwandere, beherrscht mich die rein sprachliche Assoziation: Widerhall und Halle, und ich höre aus dem nackten Holz das dröhnende, übertreibende Echo meiner Schritte. Wenn Tausende an fröhlichen und feierlichen Abenden diese Stiegen hinauf- und hinuntergehen, hallt es gewiß nicht so hohl, traurig und unfeierlich. Wahrscheinlich ist das Holz ebenso still wie der Stoff der

Der Breite Weg - Magdeburgs Flaniermeile zu allen Zeiten

Teppiche, unter einer Voraussetzung: daß eine reichlich große Menschenmenge das Holz betritt. Nur mir, dem einzelnen, ist ein wenig nach Turnen zumut. Während ich die Stadthalle verlasse, den Dom, der ihr gegenüberliegt, betrachte, weiß ich nicht: ob ich ohne Scham vor dieser Gegenwart gestehen darf, daß ich Teppiche liebe und daß mir Holz nackt erscheint. Ich stehe auf dem sogenannten „Ausstellungsgelände". Fast jede Stadt in Deutschland hat nunmehr solch ein Gelände, auf dem die allzu vielen Menschen, die Turniere des Handels und der Industrie, stattfinden, Grasflächen, die auf Asphaltdecken grünen, und windiges Filmgemäuer, das in Wirklichkeit ein zuverlässiges Eisengerüst im Leibe haben mag. Warum fühle ich mich dem Dom, der aus dem 14. Jahrhundert stammt, näher als der Stadthalle, die erst im Jahre 1927 fertig geworden ist? Warum? Ich weiß es nicht! Unsere Enkel, von denen der Oberbürgermeister in seinem Vorwort sagt, daß ihnen die Stadthalle zeigen werde, was Bürgertum und Tatkraft in Deutschland vermocht hätten, werden mich vielleicht besser verstehen...

Um nun von den Übermaßen, denen meine Achtung mehr gewachsen ist als mein Herz, auf jene Gegenstände zu kommen, denen ich mich liebevoll nahen kann: Die Menschen von Magdeburg scheinen mir wertvoller als ihre neuen Häuser. Ich kannte niemanden, als ich ankam, ich kannte mehrere, als ich wegfuhr. Ein Beweis für diese Stadt. Man kann nicht lange in ihr fremd bleiben. Es waren stille, kritische, heitere Menschen. Einige mit der segensreichen Neigung, die Welt zu sehen, Heimweh zu fühlen und in ihre Heimat zurückzukommen, der man einen „prosaischen Charakter" nachsagt. Sie hat gewiß engstirnige Bürger, wie jede andere Stadt. Aber sie beherbergt auch ein Häuflein unbürgerlicher Empörer. Sie kaufen in einer modernen Buchhandlung gute Literatur und veranstalten literarische Abende. Ja, es scheint mir sogar, daß diese nützliche, arbeitsame und baufreudige Stadt auch mit jener Art „Atmosphäre" begnadet ist, in der ein Heimischer wie ein Fremder vergeßlich werden und versinken kann. Die Vergangenheit nistet in den alten Häusern und weht vom Elbehafen her durch den alten Teil der Stadt. Die Menschen sind noch Kleinstädter genug, um Launen und Schrullen zu haben. Die Besten unter ihnen haben gar nicht den Ehrgeiz, Großstädter zu sein. Sie lassen sich Zeit. Die Straßenbahnen fahren erfreulich langsam. Die Frauen sind hübsch. Und die Polizeistunden schlagen spät...

Es fällt mir manchmal ein, daß es vielleicht gut wäre, den „deutschen Menschen" zu formulieren oder ihm durch eine treffliche Formulierung zu einem „typischen" Dasein zu verhelfen. Aber das ist wohl nicht möglich. Und obwohl ich sein Vorhandensein fühle, kann ich ihn nicht umreißen. Was bleibt mir übrig, als die einzelnen zu sondern, wie mich der Zufall ihnen zuführt, aufzuzeichnen, was das Auge sieht und die Ohren hören, und die Laune in der Auswahl entscheiden zu lassen? Das einzelne treu

Als sich am 5. August 1907 erstmals der rote Vorhang im „Zentraltheater" hebt, hat sich der Kaiser-Wilhelm-Platz (Universitätsplatz) in ein Gesamtkunstwerk des Jugendstils verwandelt.

wiedergegeben, täuscht innerhalb dieses Reichtums vielleicht am wenigsten über die Wahrheit, und das Zufällige, herausgeklaubt aus dieser Verwirrung, führt vielleicht am ehesten zu einer Ordnung. Dies und jenes habe ich gesehen; nur was sich mir einprägte, versuche ich aufzuzeichnen.

Kölnische Zeitung, 3.5.1931

Am 23. Februar 1936 wird unmittelbar neben dem Dom ein Denkmal für die SA eingeweiht. Die Magdeburger nennen das Monument „Flucht aus der Kirche".

Wolfgang Schreyer
Vor Sonnenuntergang

Das graue, schäbige Magdeburg mit seinen vielen Radfahrwegen, die auch durch Grünanlagen, in Villenstraßen und hinab zur Elbe führten - nie wieder war die Heimatstadt für mich so voller Geheimnisse wie in der Zeit ihrer beginnenden Zerstörung. Wie jedes Kind hatte ich sie anfangs Schritt für Schritt erkundet, per Fahrrad dann mein Blickfeld bis an ihre Grenzen ausgedehnt. Manchmal von schimpflicher Neugier getrieben, dem skurrilen Wunsch nämlich, einen Autounfall mitanzusehen. Im Karree vorm Hauptbahnhof schienen mir Zusammenstöße denkbar, ich quetschte mich, ohne auf Selbstgefährdung zu achten, in den wüsten Nachmittagsverkehr.

Ging ich jedoch zu Fuß, war mein Blick meist nach innen gekehrt. Ich nahm fast gar nichts wahr, sondern lebte in den Bildern meiner Phantasie. Die entrollten sich viel leichter, wenn auch ich mich bewegte. Damit aber niemand den Träumer in mir sah, nahm ich zur Tarnung eine Aktentasche mit. Die Leute sollten glauben, ich sei beschäftigt, in irgend einem Auftrag unterwegs. Der Gedanke, daß dies gar keinen kümmerte, kam mir nie. Oft fühlte ich mich gemustert und war willens, fremder Skepsis zu begegnen.

Meine Streifzüge führten bis ans Ende der qualmenden Industrievororte und, auf dem Weg zum Freibad-Stadion „Neue Welt", durch das elende Puppendorf, wo Minderbemittelte in Lauben hausten. Andere Viertel wirkten wohlhabend, elegant; solide Zäune zeugten vom Schutzbedürfnis der Bewohner. Das Sozialgefälle war offenkundig, der Kontrast von arm und reich, wie er sich recht schroff bereits in unserer Straße zeigte, erstaunte mich. Die Ungerechtigkeit der Welt war wohl beklemmend, doch kämpfte Hitler ja dagegen an. Auch hatte meine Familie es verstanden, sich im Mittelfeld zu halten. Das half mir, den Posten des neutralen Betrachters einzunehmen. Trotz scheinbar gesicherter Lage wuchsen mit der Zeit da Zweifel; mein Sinn für Ökonomisches war erwacht.

Was lag der verkündeten Volksgemeinschaft wirtschaftlich zugrunde? Die Idee der Chancengleichheit doch wohl kaum. Zwölf Jahre nach der Geschäftseröffnung von 1926 hatte mein Vater 43.000 Mark gespart; das reichte für eines der hübschen

Im Stadtpark Rotehorn erhebt sich hinter dem Pferdetor der 60 Meter hoch aufragende Aussichtsturm.

Einfamilienhäuser am Stadtrand, mit denen er bei jedem Ausflug liebäugelte. Ladeninhabern wie ihm billigte die NSDAP „gesundes Gewinnstreben" ausdrücklich zu. Sein Gehilfe freilich bekam am Monatsende 145 Mark, was einem Stundenlohn von 70 Pfennigen entsprach (eher weniger wegen der unbezahlten Überstunden, etwa beim Prospekteverteilen an Sonntagen, woran auch ich teilnahm). Ohne den Großvater und dessen Startkredit wäre dies auch das Gehalt meines Vaters gewesen.

Und was war mit den Profiten, leicht erzielt von Generalvertretern florierender Markenfirmen, oder sogar mühelos kassiert an der Berliner Börse? Wenn am 6. September 1941 in der Zeitung stand, das 7 1/2 prozentige Daimler-Benz-Papier notiere mit 208.5 Punkten, Dynamit Nobel liege bei 133 und die Continental-Gummi-AG erhöhe ihr Grundkapital um 54,4 Millionen auf 88,4 Millionen Reichsmark, so wunderte mich das. Zumal es hieß, die Aktionäre kriegten 14 Prozent Dividende: „Die Werke sind gut beschäftigt". Was unterschied dies eigentlich von dem hart verdammten jüdischen Spekulantentum?

Schon im letzten Vorkriegsjahr dämmerte mir, daß die seriöse „Magdeburgische Zeitung" half, eine Kluft zu verdecken, wenn sie freudig schrieb, das Monatseinkommen einer vierköpfigen Magdeburger Durchschnittsfamilie sei von 267 Reichsmark im Jahre 1934 mittlerweile auf 370 RM gestiegen; damit behaupte man hier „eine gute Mittelstellung" zwischen Großstädten wie Stuttgart, Bremen und Berlin am oberen Ende der Skala und Breslau nebst Königsberg sowie allen Ruhrgebietsstädten (außer Düsseldorf) am unteren Rand. Dort würden weniger als 250 RM verdient, während man auf dem flachen Land kaum 150 RM für je vier Köpfe habe! Laut Statistik der Finanzbehörde, die das Einkommen der Betuchten mit den Arbeitslöhnen flott zum „Gesamtreichsdurchschnitt" zusammenzog... Weiter hieß es, 6.400 Hausangestellte gebe es in unserer Stadt - gegenüber 10.100 im gleichgroßen Bremen -, 72 Prozent der Haushalte seien Rundfunkteilnehmer, vier Prozent hätten Telefonanschluß.

Auf meinen Steifzügen lockten mich, neben den Gründerzeitvillen der Reichen, auch andere Glanzpunkte der Baukunst. Der ehrwürdige Dom, die Ausstellungshallen im Stadtpark mit dem modernen Turm, einem Wolkenkratzer New Yorks im Kleinformat nachgebildet, die wilhelminische Hauptpost, Barockfassaden am Breiten Weg und das bizarre Fernmeldeamt, entworfen in der Ära des umstrittenen Stadtbaurats Bruno Taut, all das wurde mein Ziel.

Falls ich eins hatte und nicht bloß auf Pirsch ging - mich an junge Mädchen hängte, die mit flatternden Zöpfen vor mir herradelten, in weiten, windgebauschten Röcken, deren Träger auf dem Rücken heller Blusen zur Taille hin zusammenliefen. Das beschwingte ja noch mehr als Architektur. Geblendet von solchem Charme rammte ich im Glacis, dem zum Park umgestalteten Ringwall der Festung Magdeburg, einen der weißen Pfähle, die den Reitweg vom Radweg trennten. Der Aufprall verbog das Vorderrad, ohne meine Triebhaftigkeit zu mindern.

Speziell an den Hundstagen des letzten Sommers vor dem Einrücken zur Heimatflak zog das Stadtzentrum mich magisch an. Sein zur Elbe abstürzendes Gassengewirr wurde „Knattergebirge" genannt. Zwar hatte man das Holperpflaster kürzlich asphaltiert (was zum Verhängnis wurde, als britische Brandkanister darauf fielen), der Name jedoch blieb, wie die Gerüche nach Fisch, Kohl, Schweiß und Urin, der Hauch von Verfall, Trunkenheit und geiler Intimität. Es sollte eine Bordellstraße hier geben, die freilich suchte ich vergebens. Sie lief, kaum 80 Meter lang, nahe der Ulrichskirche und hieß schlicht Nobben.

Deftig allein schon die Straßennamen: Katzensprung, Bibelgasse, Nadelöhrgasse, Fette Hennen-, Drei Brezel-, Braune Hirsch-, Grüne Arm-, Blaue Beil- oder Rothe Krebs Straße. Nahe dem Kaiser-Otto-Denkmal am Alten Markt stand ein Klo-

Die nach nur 249 Tagen Bauzeit eröffnete Stadthalle auf der Elbinsel Rotehorn gehört zum „schönsten Ausstellungsplatz Deutschlands", wie der offizielle Führer der deutschen Theaterausstellung von 1927 verkündet.

häuschen, dessen Betreiberin einen unverblümt fragte: „Groß oder klein?" (Davon hingen der Preis und die Papierzuteilung ab.) Der Weg von dort zum Haus meiner Großeltern mit der Fleischerei führte durch die Spiegel Brücke den Krummen Berg hinab zum Knochenhauer Ufer, dem historischen Ort der von Räucherduft und Blutgeruch umwehten Innung.

Altersdunkles Gemäuer speicherte die Hitze. Schwarze Dachpappe, vor schadhaftes Fachwerk gepinnt, warf in teerigen Wellen die Glut zurück. Proletarisch unbekümmert ließen da junge Weiber entbehrliche Kleidungsstücke schon mal weg. Das nahm mir beim Herumstreichen dutzendfach den Atem. Auf der engen, gewundenen Treppengasse Krummer Berg geschah es,

daß ein Bursche vor mir einer leichtgeschürzten Frau wortlos an die Brust griff. Das trug ihm klatschende Ohrfeigen ein. Es sah nicht so aus, als sei mein Gelüst abwärts, der Elbe zu, leichter zu befriedigen. Nur die Schaulust ließ sich stillen.

Wenige Schritte weg davon, in der Oberwelt, gab es Sex-Appeal auf deutlich höherem Niveau. Zwischen dem Bismarck-Denkmal am Scharnhorstplatz und dem Zentral-Theater flanierten Bürgermädchen in duftigen Sommerkleidern über den Breiten Weg, den wir Broadway nannten. Sie saßen im feinen Café Meffert und ließen sich gern von Offizieren in die Kammerlichtspiele (Broadway 141) führen; wenn nicht gar in die Hozo-Bar am Westrand des Breiten Wegs nahe dem Eingang zum Alten Markt, wo es dank der kaffeeröstenden Firma Hirte aromatisch bitter roch. Sprach jemand sie an, so sagten sie: „Bitte belästigen Sie mich nicht." Das hatten ihre Mütter sie gelehrt.

Es war schlimm, 12.000 Kinositze hatte die Stadt, doch wie ein Girl auf nur einen davon hieven? Was nützte mir ein schicker Anzug, vom Vater gekauft in Paris? Der französische Zweireiher zehrte an meinem Selbstvertrauen; so lang war das schmal geschnittene Jackett, daß die helleren Hosenbeine einzeln hervorragten, was ganz gewiß komisch wirkte. Unsicher suchte ich in fremden Mienen das hämische, auf mich gemünzte Lächeln. Die Eleganz geriet zur Qual.

Doch „Bube" Fahlbusch, mein Klassenkamerad, der zu edel gestreiften Hemden erlesene Krawatten trug, fand den Anzug prima. Er schätzte mich halt, und mir imponierte die Souveränität, mit der er dem Ober des Hotelrestaurants „Bismarck" oder „Continental" gegenüber dem Hauptbahnhof fünf Pfennige Trinkgeld ließ, um freundlich anzufügen: „Machen Sie sich 'nen vergnügten Sonntag, aber werden Sie nicht leichtsinnig." Der Spruch mochte aus einem Spielfilm sein, aber welch ein Mut, ihn zu verwenden!

In diesem Sommer, noch halbwegs frei verbracht, radelten wir zu dem Steinbruchsee des „Stern"-Clubs oder schwammen auch im Fluß. Das „Poseidon"-Bad im Norden der Elbinsel Großer Werder war als Schlammloch verschrien. Oberhalb des Cracauer Wasserfalls aber gab es ein Stück Sandstrand, das (selbst auf dem Stadtplan) „Riviera" hieß: Tummelplatz der Besitzlosen, die sich keine Urlaubsreise leisten konnten, weder in den Harz noch an die See... Die Töchter der Armen schienen uns irgendwie leichter erreichbar; zumindest sahen sie im Badedress nicht schlechter aus und machten sich nicht so kostbar wie die unserer eigenen Schicht.

Lotte Schröder

Brockwitz, 20. 1. 45

Meine lieben guten Eltern!

Gestern nachmittag 1/2 4, gerade als ich in der Kantine den Wehrmachtsbericht schrieb, wurde ich ans Telefon gerufen: es war Bernhard. Da wußte ich Bescheid, ich ahnte das Unheil schon, als ich neulich im Radio hörte, daß Magdeburg noch nach drei Tagen brennt. Bernhard hat alles verloren. Es gibt in Magdeburg kein Haus mehr, nur noch Trümmer, es sieht aus wie eine bizarre Dolomitenlandschaft, ab und zu steht eine Häuserwand, aber Wohnmöglichkeiten gibt es nicht, geschweige eine Existenzmöglichkeit. Nur in den Vororten stehen noch einige wenige Häuser. Bernhard war - wie immer - im sehr festen Luftschutzkeller vom Haus der Deutschen Arbeitsfront, schräg gegenüber seinem Haus. Im Keller hörte man es unheimlich knistern und krachen, es waren mehrere hundert Menschen da. 45 Minuten dauerte der Angriff. Das Haus der Arbeitsfront, hoch und sehr groß, stürzte zusammen. Aus den brennenden Trümmern sind die Menschen heraus und standen vor dem Nichts. In der Stadt ein gewaltiger Feuerorkan, der eine enorme Saugkraft hat, wie ein Fön zum Haaretrocknen, nur tausendfach verstärkt. Bernhard versuchte durch Feuer und Qualm in die Glacis-Anlagen zu kommen, die rings um Magdeburg laufen. Dort verbrachte er die Nacht teils auf einer Bank, teils in einem Kartoffelkeller, den man später entdeckte und saß auf seinem Koffer und zählte jede halbe Stunde, bis es endlich Tag wurde. Dann ging er wieder zum Breiten Weg - nicht ein Haus ist mehr da, man glaubt in einer ganz fremden Stadt zu sein. Es gab dort viele enge Nebengassen wie in Nürnberg. Diese sind in- und übereinander gestürzt, so daß von Straßen nichts mehr zu sehen ist, nur eine Steinwüste. Die Praxis ist auch weg, das Haus zusammengestürzt. Im Keller hat Bernhard noch drei Koffer, es ist aber nicht ranzukommen, liegen unheimliche Schuttmassen darüber. Mit dem Keller am Askanischen Platz ist es dasselbe. Eine Hauswand vom Breiten Weg steht noch und eine Ecke von seiner zweiten Etage ist noch da, worauf der Geldschrank steht und in der Luft schwebt. Es ist zur Zeit nicht ranzukommen, vielleicht wenn Frieden ist und das große Aufräumen beginnt. Im

Die nach dem Bombardement unversehrt gebliebene „Trauernde Magdeburg"

Geldschrank liegt auch die Leica und andere Wertsachen. Bernhard hat nur einen kleinen Handkoffer, eine dicke Wolldecke mit, seinen Pelz hatte er zum Glück an. Den Hund hat er zu Köhlers nach Biederitz geschafft, einer ehemaligen Aufwartung, die ihm gleich um den Hals fiel und ihm wenigstens eine Schnitte mit Marmelade und Tee gab. Er mußte bis dahin sechs Stunden laufen, über Bombentrichter, Steinhaufen usw. Bernhard kam die zweite und dritte Nacht in einer weit entfernten Vorstadt bei einer Patientin unter. Donnerstag früh vier Uhr fuhr er per Personenzug ab und war gegen drei Uhr nachmittags in Kötzschenbroda, total verrußt, schmutzig, erschöpft, alles roch noch nach Rauch. Man rechnet in Magdeburg mit 200.000 Obdachlosen und ca. 10.000 Toten. Es wird sich nie genau feststellen lassen, weil niemand weiß, ob in den Kellern noch

Menschen leben und wieviele lebendig darin begraben sind. Es spielten sich furchtbare Szenen ab, schreiende Menschen, die vor ihren eingestürzten Häusern standen und zu den Angehörigen wollten, die im Keller eingeschlossen liegen. Zu Essen gab es nichts, die Wehrmacht holte alle verfügbaren Autos heran und brachte die Menschen weg aufs Land, nur weg, ganz gleich wohin.

Ich bin froh und dankbar, daß Bernhard lebt und gesund zu mir gekommen ist. Alles andere kann man noch nicht begreifen. Wir hängen ja Gott sei Dank nicht an äußeren Dingen, trotzdem ist es unfaßbar, daß alles, woran Bernhard ein halbes Leben gearbeitet hat, plötzlich in 45 Minuten weg ist. Im Luftschutzkoffer hat er nur Handtuch, Nachtsachen, Eßbesteck, Hausschuhe, Morgenrock und - den goldenen Rasierapparat von Papa! Sonst ist nichts mehr da. Auch zwei Pakete mit Sachen von mir, die ich nach Magdeburg geschickt hatte, sind verbrannt. Es waren Schürzen, Tischdecken und andere Kleinigkeiten. Was spielt das schon für eine Rolle.

Wir müssen nun ganz von vorn anfangen. Heute setzt sich Bernhard erst mit Dr. Focke in Verbindung, um von ihm zu hören, wie die Aussichten auf Eröffnung einer Praxis hier sind. Eventuell bleiben wir hier. Das hängt ganz von der KZvD (Kassenzahnärztliche Vereinigung von Deutschland) ab. Er fährt Montag nach Dresden, vielleicht wird er in einer Praxis eingesetzt, wo der Arzt im Felde steht. Nun braucht er mich um so nötiger, es ist ja keine Helferin mehr da. Aber wir werden es schon schaffen, vielleicht kommen wir auch ins Vogtland!! Auf jeden Fall wird so schnell wie möglich geheiratet. Auf seinen Fliegerschein wird Bernhard ja Verschiedenes bekommen an Sachen, eventuell schicke ich Dir die Scheine nach Markneukirchen Muttel und Du versuchst, dort einigermaßen gute Wäsche usw. zu erhalten. Bernhard hat nun zwei Pelze da - aber keinen Übergangs- und keinen Sommermantel mehr. Hat Papa nicht einen Mantel, den er Bernhard leihen könnte? Wir haben keine Taschentücher für ihn, Hemden, Socken, Nachthemden usw. alles fehlt. Tante Rosel wollte gestern den Frack vom Onkel in die Sammlung geben - zum Glück sagte ich: „Nun hat Bernhard keinen Frack zur Hochzeit." Da gab sie ihn mir sofort und er paßt auch ganz gut. Den Zylinder hatte Bernhard schon neulich mitgebracht. Vielleicht heiraten wir auch schon eher, das steht alles noch nicht fest, eventuell werden eben gar keine

Menschen eingeladen, die militärische Lage spitzt sich täglich zu. Ich versuche, Euch heute Sonnabend anzurufen.

Ich hatte gestern nachmittag ein Gespräch zu Euch angemeldet, um Euch Bescheid zu sagen. Ich ließ das Gespräch dann auf Doktors Nummer umlegen und sagte Tante Cläre Bescheid, daß Bernhard Muttel das Nötige mitteilen soll. Das hat Tante Cläre wohl nicht ausgerichtet und Bernhard dachte, Muttel hätte angerufen. So wußtet Ihr wohl beide nicht recht, was los war. Nun sorgt Euch nicht, wir kommen schon weiter. Wir sind beide froh und zufrieden, daß wir beieinander sind.

Der Angriff war vom Dienstag Nacht zum Mittwoch früh. Am Dienstag Mittag war auch schon Alarm, fielen einige Bomben, eine schon in den Askanischen Platz, so daß schon mittags die Etage von Bernhard völlig weg war (3. Stock). Der Flügel war in die Luft geflogen und verkehrt rum in die zweite Etage nach unten gestürzt, wo die vier abgebrochenen Beine in die Luft ragten. Ein schauriger Anblick.

Weißt Du Muttel, ich habe oft heut Nacht dran denken müssen, wie Du Dich manchmal aufregst über weggekommene Sachen oder ähnliches - was ist das alles gegen solche Verluste, gegen den Zustand n i c h t s mehr zu haben! Ich schreibe Euch bald wieder. Wenn Ihr anrufen wollt, abends sind wir immer da.

Nun regt Euch nicht auf, sondern behaltet Ruhe und Zuversicht.
   Innigste liebe Kussel
      Eure Mausi

Eva Felgenträger
Plötzlich war Magdeburg eine geteilte Stadt

Als ich am 11. April 1945 nachmittags von Cracau aus mit dem Fahrrad wieder zum Dienst in die Kahlenbergstiftung fuhr, ahnte ich nicht, daß es für mehrere Monate das letzte Mal sein würde.

Um 17 Uhr heulten die Sirenen Dauerton. Das bedeutete: Feindalarm. Die Amerikaner standen vor den „Toren". Die Kahlenbergstiftung wurde Truppenverbandsplatz, und wir beiden Röntgenassistentinnen mußten am nächsten Morgen in den Bunker der Landesfrauenklinik umziehen, da man diesen zum Hauptverbandsplatz West bestimmte.

Am 16. April wurde wohl die letzte Elbbrücke gesprengt. Und da der amerikanische Parlamentär, der für die kampflose Übergabe der Stadt geschickt war, abgewiesen wurde, erlebten wir am 17. April das letzte, aber sehr heftige Bombardement. Fast ohne Unterbrechung fielen fünf Stunden lang Bomben.

Alle um unseren Bunker herum. Eine traf die Landesfrauenklinik. Aber der Bunker selbst, der mit dem Roten Kreuz gekennzeichnet war, hat keinen Treffer abbekommen. Die Amis sagten uns später, sie hätten ihn trotz des sichtbaren Zeichens für ein getarntes Munitionslager gehalten.

Am 18. April war für den westlichen Teil der Stadt der Krieg plötzlich vorbei. Morgens um 7 Uhr erschienen mit großem Hallo die ersten Amerikaner in unserem Bunker und nahmen sogleich ihre zwei verwundeten Kameraden, die wir hier liegen hatten, mit. Sie waren bei den Kämpfen an der Pauluskirche verwundet worden und in Gefangenschaft geraten. Nun waren unvermittelt wir die Gefangenen!

Zu Essen und Trinken war reichlich im Bunker. Als die Verpflegungsläger geräumt waren, setzten wir uns am nächsten Abend, dem Vorabend des Führergeburtstages, im O.P. auf den Fußboden und feierten das Ende des Krieges. Dabei hatten wir das Radio an und hörten die letzte Rede von Joseph Göbbels. Mir ist der Satz „Berlin bleibt deutsch, Wien wird wieder deutsch" in Erinnerung geblieben.

Paradox. Der westliche Teil Magdeburgs gehörte zu diesem Zeitpunkt bereits zur amerikanisch besetzten Zone. Nur noch der Osten der Stadt war deutsch. Er wurde erst drei Wochen später von der sowjetischen Armee besetzt. Die Zeit bis dahin nutzte

Hitlers letztes Aufgebot - vor allen Dingen Jugendliche und alte Männer -, um über die Elbe hinweg zu schießen. Das wiederum wurde von den Amerikanern nicht ohne Erwiderung hingenommen. So ging an einem der letzten Kriegstage noch die Stadthalle

Am 12. April 1945 - wenige Tage vor Kriegsende - wird als erste innerstädtische Elbbrücke die 1922 durch Oberbürgermeister Hermann Beims eingeweihte Sternbrücke gesprengt.

in Flammen auf.

Ab 21. April waren wir wieder in der Kahlenbergstiftung. Die zehn Tage im Bunker sind schwer, aber trotz allem, so unglaublich das klingen mag, schön gewesen. Wir waren zu einer echten Gemeinschaft zusammengewachsen, so daß es uns beinahe gar nicht recht war, als wir uns trennen sollten.

Manche Nacht hatten wir durchgearbeitet, denn im Schutzraum hatten wir Verwundete aller Art zu versorgen. Soldaten, Zivilisten, Frauen, Männer und Kinder. Sogar zwölf Wöchnerinnen mit ihren Babys waren darunter. An Schlaf war kaum zu denken gewesen.

Die verwundeten Soldaten wurden nun in die Kahlenbergstiftung und ins Marienstift verlegt, die Zivilisten in die Krankenhäuser, die zwölf Toten auf dem Militärfriedhof beerdigt.

Am 5. Mai erreichte der Russe die Elbe, womit der Fluß zur Grenze wurde. Zwar baute der Amerikaner eine Holzbrücke, die aber durfte nur für militärische Zwecke genutzt werden.

Nicht von uns Magdeburgern. Wir selber lebten dadurch in einer geteilten Stadt.

Wie oft hörte ich in den folgenden Tagen im Lazarett den Satz: Die Brücke ist frei. Jedesmal setzte ich mich aufs Rad und fuhr an die Elbe. Aber weiter kam ich nicht. Für mich und die vielen anderen führte kein Weg hin- oder herüber. Die Brücke blieb gesperrt.

In der Woche vor Pfingsten wurde an der Pforte des Lazaretts ein Zettel für mich abgegeben. Wer ihn gebracht hat, weiß ich nicht. Er enthielt lediglich meinen Namen und dann die Nachricht: „Morgen 18 Uhr steht Ihr Vater rechts der Strombrücke." So fuhr ich erneut mit dem Rad bis zur Elbe. Auf beiden Uferseiten standen mehrere Menschen. Es war sehr schwer, jemanden zu erkennen. Und es war nicht mein Vater gekommen, sondern meine Mutter und meine Schwester. Wir brüllten uns über den Fluß Informationen zu. Auch wenn nur Wortfetzen ankamen, so wußten wir doch, daß wir das Kriegsende auf beiden Seiten der Elbe überstanden hatten.

Viel konnten wir uns nicht zurufen, denn die Nebenstehenden wurden ungeduldig und sagten: Ruhe, jetzt bin ich dran. Wir verabredeten uns wieder zum Pfingstnachmittag. Aber als ich zur Elbe kam, stand niemand am östlichen Flußufer. Der Russe hatte die Straßen gesperrt.

In der Kahlenbergstiftung wurden wir durch den Ami weiterhin so gut versorgt, daß ich in dieser Zeit mein Höchstgewicht erreichte. Zu Pfingsten aß ich das erste Mal in meinem Leben Ananas.

Blick vom Nordturm des Domes auf das zerbombte Stadtzentrum

Nach sechs Wochen wurden die Amerikaner durch Engländer abgelöst. In der Nacht zum 1. Juli, der ein Sonntag war, zogen auch diese ab. Sie erboten sich, jeden - Soldaten, Schwestern und Zivilisten - mitzunehmen, wer nur wollte.

Von 8 Uhr an, bis in den späten Abend, fuhren nunmehr die Russen in ihren Panjewagen die Große Diesdorfer Straße bis zur Enkekaserne in der Beimsstraße an uns vorüber. Nun war das Kriegsende wirklich da und ganz Magdeburg gehörte zur sowjetischen Besatzungszone.

Wie oft ich in den folgenden Tagen mit dem Fahrrad zur Elbbrücke gefahren bin, weil erneut das Gerücht verbreitet wurde, sie sei geöffnet, weiß ich nicht. Am 12. Juli jedenfalls war es soweit. Morgens um 7 Uhr stand mein Vater vor der Tür des Röntgenzimmers, wo wir auf der Erde schliefen. Er war einer der Ersten, der von Cracau aus in Magdeburgs Westen gekommen war. Ich selber ging am Nachmittag das erste Mal über die Elbe nach Hause. Vorsichtshalber kehrte ich am Abend wieder in die Kahlenbergstiftung zurück. Ich hatte noch nicht das Vertrauen, daß meine geteilte Heimatstadt vereint bleiben würde.

Irmgard Schröder-Hauptmann

Blumen im Schutt

Ein Frühlingsstrauß von Anemonen -
wer hat ihn wohl hierher gebracht,
wo nur das Grauen noch kann wohnen,
im Trümmerfeld der stillen Stadt?

Es müssen liebe Hände sein,
die diese Blumen banden,
die aus des Waldes stillem Hain
den Weg des Leidens fanden.

Tief in dem grauen Schutt verborgen
ruht eines teuren Toten Leib -
ihm sind die weißen Frühlingsboten,
ist dieser zarte Strauß geweiht.

1947

Walter Basan
Was die Glocke geschlagen hat

Zu der Zeit, als man zwischen Ostsee und Erzgebirge darum bangen mußte, pünktlich zum Fest einen zünftigen Weihnachtsbaum zu ergattern, gehörten Dienstfahrten im Dezember zu den nicht ungern absolvierten Extratouren. Zumal dann, wenn eine derartige Fahrt kilometerweit durch waldbestandene Fluren der engeren Heimat führte.

„Vergiß nicht Strippe und Fuchsschwanz", riet mir meine Frau wieder einmal in weiser Voraussicht eines sich womöglich anbietenden ‚Zufalls'.

„Aber laß es die Kinder nicht sehen."

Ich grinste.

„Als ob die noch ans Christkind glauben, das in der Heiligen Nacht einen geschmückten Tannenbaum vom Himmel auf die Erde ..."

„Brimborium", unterbrach mich mein resolutes Weib.

„Ihren Glauben an dich sollen sie sich bewahren. An deine Redlichkeit. Von wegen auf eigene Faust in volkseigene Fichtenschonung schleichen und da nach Herzenslust Baumfrevel begehen."

„Von Herzenslust könne ja wohl nicht die Rede sein", widersprach ich augenzwinkernd.

„Aktionen hochnotpeinlicher Eigeninitiative wie diese, zum Zweck der Korrektur unzulänglicher Verteilungsschlüssel für die Streuung termingerecht notwendiger Konsumartikel' sind vor der Gesellschaft durchaus vertretbar", meinte meine Frau.

„Hauptsache solche Hau-Ruck-Maßnahmen resultieren nicht aus privatkapitalistischem Egoismus und blankem Profitstreben", gab ich in reifem Protokolldeutsch zu bedenken.

„Jedem braven Warschauer-Pakt-Bürger sein wohlverdientes Jahresausklang-Bäumchen für die Rote Ecke."

„Da sage noch einer, wir wüßten hinterm Eisernen Vorhang nicht, was wir Väterchen Frost schuldig sind", ergänzte Madame.

„Für Frieden, Weihnachten und bunte Gummibärchen, seid bereit!" höhnten die Kinder und öffneten hämisch kichernd die Garagentür.

„Freundschaft!" erwiderte ich pflichtschuldig, während der alte Wartburg gemütlich grummelnd vor sich hinzustänkern anhub.

41

Alle Jahre wieder ...

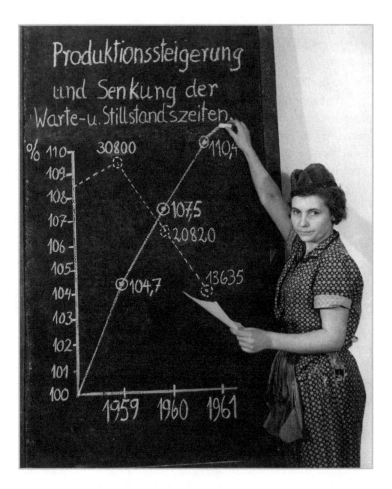

Als es auf der kurvenreichen Heimfahrt quer durch den Harz, nicht weit von dem idyllischen Wernigerode entfernt, in den trüben Dezemberabend zu schneegrieseln begann, geschah es denn, daß mich planmäßig der Hafer stach.

„Schreiberseele", hörte ich eine brockenhexenhaft garstige Stimme flüstern, „nun zeig mal, was du auf dem Kasten hast. Raus aus der Benzinsänfte und rein ins Vergnügen!"

Kein Vergnügen, mehr ein Ganovenstreich, widersprach es in mir. Die Bonzen hocken auf ihren dicken Ärschen in tausend Partei- und Plankommissionen, zeterte die Hexe in meinem Hinterkopf.

„Nichts klappt. Bis auf die Bürotüren."

„Ohne Beziehungen klappt nicht mal die Weihnachtsbescherung!"

„Also hilf dir selbst. Morgen ist Nikolaustag!"

Grund genug, artig und bescheiden zu sein und sich nicht an unschuldigen Fichten zu vergreifen, machte ich mir klar.

„Hat ein Robin Hood beispielsweise artig sein wollen, wann immer er es den Pfeffersäcken heimzahlte?"

„Ich tauge nicht zu Heldentaten", maulte ich und dachte zugleich an den Fuchsschwanz.

„Aber zu flotten Sprüchen und zu obrigkeitskritischen Parolen."

„Alles Theorien, keine Aktionen."

„Dann beklag dich aber auch nicht, daß eine Gesellschaft von Schafen irgendwann eine Regierung aus Wölfen produziert."

An dem Brocken hatte ich zu kauen.

„Schlappschwanz", spottete das besenreitende, kleine Luder.

Ich schwitzte. Mir war der Schlips zu eng geworden, so daß ich daran riß. Bevor die Hexe erneut meine Männlichkeit in Zweifel zog, war der Kurswechsel vollzogen. Rein in die Schonung. Stopp zwischen Weihnachtsbäumen, einer schöner als der andere. Als ich die Scheibe runterkurbelte war es mir, als lachte jemand schallend Triumph. Die Bilderbuchfichten hielten die Luft an. Streckten ihre Zweige dem Flockentanz entgegen und sehnten sich womöglich danach, dank meiner Hilfe einmal in ihrem Dasein ein Christbaum zu werden.

Lametta- und kerzengeschmückt. Mittelpunkt des schönsten Festes im Jahr ... wenn, ja, wenn ich es fertigbrächte, Schicksal zu spielen und eine der vielen Fichten eins, zwei, drei - haste nicht geseh'n - zur Strecke zu bringen.

Die Scheinwerfer tauchten die Szene in gleißendes Licht. Ein Idyll, das im Handumdrehen zum Tatort zu werden drohte. Kehr um, redete ich mir gut zu. Laß die Finger davon. Auch Fichtenblut ist Blut. Erst stirbt der Baum, dann stirbt der Mensch. Und deine Reifenprofilabdrücke sprechen sowieso Bände. Bleib sauber, Junge!

Ich murkelte am Rückwärtsgang.

„Dachte ich's mir doch", piesackte die fremde Stimme.

„Angepaßt wie die Sardine in der Konservenbüchse. Eine wie die andere akkurat auf Gleichmaß getrimmt."

Der Vergleich traf mich schwer. Denn alles Gleichmachen fängt mit Kopfabschneiden an. Mit Gehirnamputation sozusagen. Und das mir, einem Meister der Feder, der sich stets etwas auf seine Zivilcourage zugute hielt. O, du Fröhliche ... Es wollte leise in mir tönen, aber da öffnete ich kurzerhand die Tür und trat ins Schneetreiben hinaus. Dort nahm ich die erstbeste Fichte aufs Korn. Gewillt, nicht mehr länger Schaf unter Schafen und erst recht nicht Sardine unter Sardinen zu sein. Überzeugt davon, daß es gewisse Fehler gibt, die, einfallsreich interpretiert, mehr hermachen als Tugenden im Verborgenen. Christbaum-Selektion im Namen des Heiligen Nikolaus, beispielsweise.

Ich hatte für den Fuchsschwanz rasch einen vorteilhaften Ansatz erfummelt und ließ das Sägeblatt auf Teufel komm raus tanzen, als es im nahen Unterholz seltsam knackte. Dem Knacken folgte ein von Lichtbündeln durchdrungenes Rumoren. Das setzte sich im Nadeldickicht von unten nach oben fort. Ein Vorgang, dessen Ursache ich nicht gleich zu durchschauen vermochte. Gänsehaut kroch mir rückenabwärts. Die Säge in meiner Hand streikte. Meine Phantasie schlug indes Purzelbäume. Und meine Schuhe sanken im Moder ihres Standorts tiefer und tiefer. So wie meine Hoffnung, mit heiler Haut davon zu kommen, schwand.

Wer, zum Teufel, hatte irgendwo, irgendwann behauptet, daß Leiden, Irrtum und Widerstandskraft das Leben erst wahrhaft lebendig erhalten, fragte ich mich. Ein lebensmüder Zyniker offenbar. Noch bevor ich den Gedanken an einen raschen Rückzug zu verwirklichen vermochte, drängte ein Keiler ins Licht. Offenbar aus tiefem Schlaf geschreckt und deshalb übellaunig grunzend. Dem Keiler folgte eine Bache. Struppig, stinkig und im Weitertrotten aus listigen Äuglein die unverhoffte Situation musternd. So, als wolle sie ihrem Gefährten schniefend Anerkennung für ein unverhofftes Adventsgeschenk zollen.

„Einander kennenlernen heißt lernen, wie fremd man einander ist", kicherte die Hexe hinter mir - oder in mir.

„Prottest du daheim nicht immer mit deinen Zufallsbekanntschaften, old fellow", fragte ich mich.

„Also mach was daraus", verlangte die Hexe.

„Eine Kraftprobe oder eine Story. Oder beides", hörte ich sie spotten.

„Oder geht dir deine Begeisterung für ausgefallene Abenteuer stattdessen bereits in die Hose?"

Während ich mit ansehen mußte, wie sich die Bache schräg vor dem Kühler meines Autos der Länge nach hinstreckte, so als wolle sie den Zweibeiner auf Abwegen ungestört genießen, hielt ich mich krampfhaft an meiner Säge fest. In einem Winkel mei-

Weihnachtliche Stimmung am Dom

nes Wesens protestierte ein Stück Jack-London-Verwegenheit. Die schürte meine Courage. Doch ein halber Blick auf das anmaßende Verhalten der wilden Schweine lähmte sie wieder.

Die Diva des Pärchens badete nach wie vor grunzend im Licht, indes der Keiler seinen Kopf bereits neugierig durch die halb offene Autotür steckte. Mit rudernden Vorderbeinen trachtete er danach, irgendwo Halt zu finden. Halt für einen Hopser auf die beigefarbenen Velourpolster, befürchtete ich. Es ist soweit, schoß es mir durch die gepeinigten Sinne. Die Kreaturen halten nicht mehr still. Sie wehren sich. Stellen Ansprüche. Mit Klauen und Zähnen. Mit schweinischer Penetranz. Hab' ich den Viechern das Fichtennadel-Bett streitig gemacht, wollen sie sich im Gegenzug in meine Hochglanzkarosse fläzen.

„Wer kann sich auf ältere Rechte berufen?" höhnte die verflixte Stimme in mir. „Die Vierbeiner oder die Zweibeiner? Und wer hat Schuld daran, daß Mutter Natur inzwischen derart verschweinigelt worden ist? Die Nutznießer der Entwicklung mit Schlips und Kragen, oder, die anderen, die Verschüchterten, die Rustikalen in Fell und Federn, in Schwarte und Schuppen?"

Die Gedankenmühle schnurrte. Sie zerrieb meinen Widerstand und alle törichten Ausflüchte. Also gestand ich mir zögernd ein, daß sich unser aller Wege vor Millionen Jahren getrennt hatten. Irgendwann trieb es die einen in den Schatten der Bäume. Und die anderen auf die Bäume. Und die Besessensten frontal gegen die Bäume. Tollkühn und kilometerhungrig, wie von Furien gehetzt. Desospraygepflegt in einer versaubeutelten Landschaft.

„In einem Winkel eures unerforschbaren Wesens seid auch ihr animalisch geblieben", hörte ich die Hexe spotten. „Ein Stückchen Affe und eine kolossale Portion Schwein, wenn du weißt, was ich meine ..."

Mitten in diese Erklärung hinein drängte sich ein uriger Schrei. Ein Aufschrei. Genau genommen ein Autoschrei. Offenbar ausgelöst durch den Keiler, der beim Beschnüffeln der verwirrenden Technik zwischen Lenker und Gaspedal dem Hupenhebel zu nahe gekommen war. Die Wirkung war umwerfend. Der ehrgeizige Kämpe torkelte vom Fahrersitz, drehte sich beim Niedersinken um die eigene Achse und ergriff total entnervt die Flucht. Gefolgt von der nicht minder echauffierten Bache.

„Die Zeit fährt Auto, und kein Schwein kann lenken", hörte ich die Brockenhexe meckern. Oder war ich das wieder selbst?

Mit der eilig in den Kofferraum geschmissenen Fichte an Bord, mit aufjaulendem Motor und schlingernden Rädern suchte ich das Weite. Der Fluchtrichtung der Borstenviecher entgegengesetzt.

Zwei Stunden später begrüßte mich meine neugierig dreinblickende Familie. Man salutierte übertrieben dienstbeflissen.

„Hallo, Oldy! Schwein gehabt?"

Ich stutzte, bevor ich wahrheitsgemäß erwiderte:

„Gewissermaßen. Harzer Christhexe läßt Magdeburger Jungfrau grüßen."

Während ich beim Aussteigen niesend von einem Matschfuß auf

den anderen trat, hatte meine Frau bereits den schneefeuchten Baum aus der Klappe gezerrt. Kaum daß sie das Prachtexemplar in Augenschein genommen hatte, brach sie in Gelächter aus. Ich traute meinen Augen nicht: Im Wirrsal der Zweige hing ein halber Schlips. In der Hitze des Gefechts zusammen mit dem Fichtenstämmchen eigenhändig von mir abgesägt. Und vom Zufall wie ein kunterbuntes Kapitulations-Symbol mitten in den geklauten Baum drapiert.

„Das muß so sein", sagte ich. „Weihnachten naht immer irgendwie geheimnisvoll auf leisen Sohlen und mit wundersamen Zeichen. Morgen ist Nikolaustag, ihr Banausen", fügte ich mit einer Stimme hinzu, in der Goldpapier knisterte. Dann trollte ich mich, ohne eine Miene zu verziehen. Zurück blieben saftige Spuren von meinen dreckverschmierten Haxen. Und die Erinnerung an eine Begebenheit, die verdeutlichte, was die Glocke geschlagen hat.

Adalbert Schwarz
Zu Hause ankommen

Die Elbe. An der Ufermauer ein Paar, aneinandergelehnt. Drüben, auf der anderen Seite, die Silhouette des Doms zu Magdeburg vor der tiefstehenden Sonne. Gelassen in seinem Bett, würdevoll fast, einen Rest an Unberechenbarem unter behäbiger Oberfläche verbergend, der Strom. Seine Wasser durchschneiden die Stadt. Und halten sie doch zusammen, verbinden mehr, als daß sie trennen, im Gleichmaß unaufhörlicher Bewegung. So wie die Zeit, die fließt und fließt und fließt, stetig alles verändernd, was sich statisch gibt. Wie die Stadträume, die sich wandeln, in der Zeit, mit der Zeit. Türme wachsen und werden niedergerissen, Straßen wandern den Strom entlang, über ihn hinüber, ins Land hinaus.

Strom der Zeit, eintönig sein Lauf lediglich für den flüchtigen Betrachter, der hineintauchend mancherlei Strömungen erfährt. Sie laufen neben-, aus- und gegeneinander, kreuzen sich, Strudel und Wirbel entstehen, gefolgt von Phasen relativer Ruhe. Abschnitte klaren Wassers wechseln mit Trübungen unterschiedlicher Farbe und Stärke. Hochwasser und Stromschnellen tragen vernichtende Gewalt hinein, lagern den Müll der Geschichte ab an den Ufern der Zeit. Und beschleunigen oder verwirren doch den Gang des Metronoms nur scheinbar.

Das Paar am Ufer zeichnet mit den Augen die Umrisse des Domes nach, der seinen schwarzen Schatten in den Abendhimmel wirft. Die Gedanken gehen mit, dorthin zuerst, und von dort in eine Vergangenheit, als etwas begann, wie so etwas immer beginnt. Wo Raum und Zeit nicht die geringste Rolle spielen, wo Liebe sich selbst genug ist. Irgendwann später wird der Raum wichtig werden, wird die Zeit ihn einbeziehen. Irgendwann keimen Fragen auf, anfangs kleine Pflänzchen, schieben sich in den Vordergrund, wachsen mit dem Entstehen der Familie, die in eben diesem Dom ihren Segen erhält.

So spiegeln vergangene und gegenwärtige Räume Zeit wider, verflossene wie ablaufende Lebenszeit. Raum wird zum Lebensgefühl, beherbergt Enge gleichermaßen wie Weite. Zerstört man ihn, flieht ihn die Zeit, bis sie zurückkehrt und neu an ihm baut. Mit dem Raum entsteht das Heim. Eine Sache der Zeit ist es, daß es zur Heimat wird.

Der Mann erinnert sich. Da ist Erfurt, jene Stadt im Herzen Thüringens, die seine Kindheit begleitet, mit dem vom Mittelalter geprägten Bild, gebettet in ein Hügelland, das sie harmonisch umfängt. Gesäumt von stolzen Patrizierbauten und trutzigen Kirchen, verlaufen nur selten die schmalen Häuserzeilen der Altstadt gerade, erst in den Vororten gewinnen sie Raum, wo eines Tages die Häßlichkeit von Wohnsilos bedenkenlos die gewachsene Stadtlandschaft vergewaltigen wird. Doch zu jener Stunde ist der Mann schon nicht mehr dort, ist hinweggeführt nach Norden an den großen Strom, gezogen von einer starken, zutiefst menschlichen Beziehung, die vieles verändert hat, nicht zuletzt seine Beziehung zu der Stadt, in der er verwurzelt zu sein glaubt, verwachsen mit Straßen und Wasserläufen, Wäldern und Bergen, mit dem Gang der Jahreszeiten in einer nach dem Kriege weitgehend sich selbst überlassenen Natur.

Unversehens sind die Wurzeln gekappt, müssen sich neu bilden, sich in dem unbekannten Boden zurechtfinden. Eine Periode der Vergleiche beginnt und dauert fort über die Jahre, wirkt auch in diesen Augenblick hinein, da die Frau und der Mann über das Wasser sehen.

Dort, wo einst Martin Luther als Mönch gelebt, zwischen den schmalen Giebeln, den sich aneinander drängenden Dächern, überall ist etwas, woran das Auge sich festhalten kann, auch beim Aufschauen, eingeschränkte Sicht als Vermittler eines Gefühls scheinbarer Sicherheit. Nun aber auf einmal ein nicht enden wollender Himmel, in welchem der Blick sich verliert, gleichsam im Nichts, der Horizont kaum faßbar. Spuren kriegerischer Zerstörung, mahnend, herausfordernd, lassen gewohnte Geborgenheit nicht aufkommen. Allmählich erst nehmen die Räume Gestalt an, werden Straßen und Plätze in all ihrer Breite überschaubarer, als suchten die Weiten der Ebene hier ihre Entsprechung. Und der Strom, Lebenselixier für die Frau von Geburt an, zieht mit seinen Auen, die er geschaffen hat, die er nährt, mit seinen verborgenen Uferfelsen, die den wolkenwärts strebenden Dom tragen wie ein Sinnbild ihrer Unerschütterlichkeit, endlich auch den Mann in seinen Bann.

Noch freilich, wenn der Wind kalkig schmeckenden Staub von den Trümmerflächen holt und durch die Innenstadt treibt, an kaltgesichtigen Neubauten entlang, weht Fremdheit den Neuankömmling an. Widerstrebend anfangs, doch auch mit Neugier geht der Mann daran, die Mauern der Fremdheit aufzu-

brechen, den Zugang in das Innere zu finden, zum Charakter dieses Gemeinwesens und seinen Schätzen. Nicht mit räuberischer Gewalt wie einstmals Tilly, nein, Geduld und Beharrlichkeit sind die Waffen, die er einsetzt. Behutsam führend die Frau an seiner Seite, die Sinne ihm öffnend für das Andere, Neue, das für sie ureigenster, vertrauter Lebensraum ist.

Unerwartet kommt Hilfe, von der Notwendigkeit her, eine Wohnung zu finden, die Suche duldet keinen Aufschub. So macht sich der Mann auf den Weg, Tag für Tag, wochenlang, durch Monate hindurch. Straßauf, straßab führen ihn die Wanderungen, treppauf, treppab, durch die Quartiere aus dem

Hochbetrieb auf der Stromelbe in den fünfziger Jahren

vorigen Jahrhundert, mit Hinterhöfen ohne Sonnenstrahl, durch Neubauviertel und Vorstädte, von Westerhüsen bis Neustadt, von Cracau bis Sudenburg. Schon bald braucht er den Stadtplan nicht mehr zu befragen. Die Stadt erhält Konturen im Kopf, Kristallisationspunkte heben sich heraus, die Kirchen, der Bahnhof, Theater und Konzertsäle, der Zoo, vom Krieg verschonte Alleen und Parkanlagen. Und immer wieder der Strom, die Elbe mit ihren Armen, in die sie den Mann schließt.

Ihm scheint es wichtig, die Türme zu besteigen, alle, die begehbar sind, die Johanniskirche, den Aussichtsturm im Rotehornpark und - natürlich - den Dom. Der Blick von oben

Blick vom Hauptbahnhof auf die Ruine der Ulrichskirche

schafft überschaubare Räume, rückt die Zeitalter dichter zusammen, zeigt, wie sich die vielen einzelnen Glieder des Stadtkörpers aneinanderfügen.

Aus dem Kennenlernen erwachsen erste Wünsche - hier, oder vielleicht auch hier, da könnte man wohnen. Dann die Entscheidung für das künftige Heim, der große Tag des Umzugs, des Einzugs, die unbeschreibliche Erleichterung, als das Paar vereint die Tür der eigenen vier Wände hinter sich schließt.

Aber nun beginnt sie erst, die Einvernahme der Stadt und ihrer Landschaft, mit Elbwiesen und Kreuzhorst und Börde, führt zum Einvernehmen miteinander, zur Einbindung in den Stadtteil und seine Bewohner. Und jetzt, mit der Identifizierung, regt sich so etwas wie Heimatgefühl.

Mehr und mehr an Bedeutung gewinnt die Zeit. Die Sicht auf die Zukunft schärft sich in der Begegnung mit der Vergangenheit, von Otto dem Großen über Martin Luther - auch hier -, Otto von Guericke und Georg Philipp Telemann bis in die Jahrhunderte nach dem Dreißigjährigen Krieg, als der Merkantilismus in Magdeburg Oberhand gewinnt. Denn an sich selber muß der Mann erfahren, wie das Streben nach Broterwerb den kulturellen Horizont bedenklich einzuengen vermag, und er ergreift individuelle Gegenwehr. Das Miterleben einer mitunter noch unbeholfenen, aber immer fruchtbarer sprudelnden Kreativität, das Schließen von Freundschaften, all das zieht weitere Beziehungslinien zur Stadt. Genau so wie das Bemühen, nicht die Schätze zu vergessen, die unwiederbringlich dahin sind, sinnlos zerstört als Ausdruck spießbürgerlicher Furcht vor einer größeren Idee. Die Namen stehen im Raum, überdauern die Zeiten, Ulrichs- und Jakobikirche, der Mann kennt die Bilder, Heiliggeist- und Katharinenkirche, deren endgültige Vernichtung er miterlebt.

So fügen sich Menschen und Ereignisse, Bauwerke und Landschaften zusammen zu einem Ganzen, wie ein Riesenpuzzle, dessen Teile der Spieler anfangs nicht kennt. Und schließlich, fast unbemerkt, wann genau, vermag der Mann nicht mehr zu sagen, kommt die Stunde, von der an bei jeder Rückkehr von einer Reise Strom und Dom zum Fixpunkt werden, sie zu erreichen gleichbedeutend ist mit Zuhauseankommen. In dieser Stunde ist die neue Beziehung endgültig geschlossen.

Das Paar am Ufer blickt den letzten Strahlen der Sonne nach, die hinter dem Kloster Unser Lieben Frauen verschwunden ist, während der Mann an seine Verse denkt, aufgeschrieben an einem hellen, von Regenschauern durchwehten Frühlingstag auf dem Nordturm des Magdeburger Doms:

> Hier oben, wo
> das Licht gleich Pfeilen sich
> durch meine Lider bohrt
> und wo
> der Regen noch als Wolke
> meine Haut erfrischt,
> hier oben leg' ich mir
> die Stadt zu Füßen -
> die Kirchen

wie ein alter Kupferstich, und
ringsherum kantig und
selbstbewußt
wächst Block an Block
die Gegenwart zum Horizont
und über ihn hinaus, und
mehr erahnt als meinem Auge
sichtbar,
zieht sich hindurch
ein Netz von Adern
aus Asphalt und
gleißendem Metall
voll unentwegten Lebens,
das an mein Ohr
als Rauschen eines
ruhelosen Kreislaufs steigt,
indes
der Blick sich senkrecht
in die Tiefe stürzt und
sich verliert dort unten
im Strome jener, die
diese meine Stadt
wie ich
ihr Eigen nennen.

Wolfgang Schreyer
Brigitte Reimann in Magdeburg

An einem trüben Januartag 1953 kam sie uns in den Blick, zur Gründung der Arbeitsgemeinschaft Junger Autoren nahe dem Magdeburger Dom: die Abiturientin und Neulehrerin Brigitte Reimann, klein, lebhaft anteilnehmend, schwarzhaarig, mit vollem Mund und leicht fernöstlichem Augenschnitt, Journalistentochter aus Burg, ganze 19 Jahre alt.

Die Schriftsteller waren höchst angetan, behandelten sie als Wunderkind, wirkte sie doch wie ein Ferment, das den geistigen Austausch hebt. Von ihr gingen Schwingungen aus, ein Gespür für die Verheißung des Lebens, Wellen der Heiterkeit und Hilfsbereitschaft. Warm spiegelten ihre dunklen Augen die Neugier auf all das Köstliche der Welt.

Es war ja noch, biographisch wie politisch, die Zeit der Unwissenheit, des naiven Vertrauens in den sozialistischen Weg und in die eigene schöpferische Kraft. Eine kindhafte Bereitschaft, in den anderen das Gute, das kollegial Hilfreiche zu sehen, sie in ihrer Schreiberei zu unterstützen und sich auch umgekehrt von ihnen kritisieren, belehren, sogar verletzen zu lassen.

Auch Wichtigtuer und Schönredner drängten in diesen schwankenden Kreis. Brigitte schien darin das stärkste Talent, frühreif schrieb sie ganz „aus dem Bauch" - kaum berührt von der Gedankenblässe der Lehrsätze des sozialistischen Realismus - und fand schon in ihrer ersten Erzählung („Die Frau am Pranger") zu jenem kunstvoll knappen, gleichwohl populären Stil, der in unserer Literatur recht selten ist.

Anfangs war sie der Runde mehr optisch willkommen. Männer stellen ja das, was das Auge erquickt, gern über die Leistung im Fach. Selbst ein so empfindsamer Lyriker und Essayist wie Reiner Kunze, in seinem Journalistik-Praktikum an der „Volksstimme" zeitweilig Mitglied der Arbeitsgemeinschaft, erklärte Brigitte einmal - ich sehe ihn noch die makellosen Zähne blecken - mit keckem Seitenblick auf ihre Kurven zu „unserer profiliertesten Kollegin".

Dazu hat sie nur sphinxhaft gelächelt. So etwas kam bei ihr gut an. Zwar schien ihr größtes Vergnügen das Schreiben, das Genießen dieser Sucht zu sein. Mit Kaffee und den schlimmen Karo-Zigaretten putschte sie sich da oft bis tief in die Nacht. Aber das Magnetische ihrer Erscheinung zu spüren, dies belebte

Brigitte Reimann und Günter Domnik 1954

sie wohl noch mehr als der Gedanke an ein geglücktes Manuskript. Sie war halt ein Ausbund an Lebenslust.

„Ich habe kein schlechtes Gewissen", heißt es, nach kaum drei Ehejahren, anläßlich eines Seitensprungs vom März 1956 in einem ihrer freimütigen Briefe. „Ich bin jung, ich bin sinnlich und rasch entflammt, und ich habe schreckliche Angst vor dem Altern. Warum soll ich dann nicht mein Leben genießen? In zehn oder zwanzig Jahren ist alles vorbei - wenn ich nicht sogar schon vorher sterbe.

Freilich fährt die 22jährige fort. „Vielleicht ist es doch eine Gemeinheit, zumindest G. gegenüber, der mich so heftig liebt. Er

Brigitte
Reimann
1956

hat mich so gequält mit seinen eifersüchtigen Fragen, und ich bin auch noch böse und arrogant geworden. Ich denke manchmal, ich bin doch ein schlechter Mensch. Ja, ich habe Gewissensbisse, ich bereue und bereue doch nicht. Es ist ein wunderliches Gemisch von Abscheu und Freude, von guter Erinnerung und Vorwürfen in mir. Ich bin eben ein unheilbar leichtfertiger Mensch."

G., das war Günter Domnik, ihr erster Mann, ein Burger Arbeiter und FDJ-Funktionär. Ihm hat sie (ebenso wie zweien ihrer drei späteren Ehemänner), in Briefen und dem nachgelassenen Roman „Franziska Linkerhand", ein eher trübes Denkmal gesetzt. Ihr Anspruch war hoch, fast alle Liebespartner haben sie enttäuscht. Man sagte ihr nach, daß sie auf Sex aus sei und ihn natürlich stets bekam, zumal sie gern in Führung ging, wenn sie jemanden ernstlich wollte. Mir erklärte sie das psychoanalytisch mit der männlichen Komponente ihres an sich zarten Wesens.

In mir hingegen fand sie zu meinem Verdruß auch weibliche Elemente. Das sei doch bei jedem gemischt, fügte sie tröstend hinzu, wobei sich ihr Mund zu einer süßsauren Frucht zusammenzog. Wäre es anders, ginge mir nämlich das Liebenswürdige ab, und ich könnte bloß so machohaft sein wie Ernest Hemingway, der Supermann: Stierkampf, Großwildjagd, Großgeldschreiberei und zu jedem Buch ein neues Weib, wie gräßlich!

Ich tat, als ob es mich schüttelte. Damals war uns

Hemingway ein Idol, und ich wäre froh gewesen, auch nur annähernd so schreiben zu können - so lakonisch hartgesotten. Sein *hard boiled style* aber wurde bereits von unseren Maßgeblichen zerfetzt, voran das Kritiker-Trio der Zeitschrift „Neue Deutsche Literatur": Annemarie Auer, Eva Strittmatter und Christa Wolf. Solch hochgebildete Scharfrichter schlugen in grimmigen Rezensionen etwa dem Harry Thürk sein Hartgesottenes um die Ohren.

Recht selbstbewußt tat Frau Reimann auch, wenn nötig, unserem legendären Vorsitzenden entgegen. Der damals 60jährige Otto Bernhard Wendler war wie sie ein Lehrer aus Burg. Schon 1929 hatte Wendler, zu der Zeit Direktor der weltlichen Schule in Brandenburg, den Antikriegsroman „Soldaten Marieen" veröffentlicht. Von den Nazis amtsenthoben und ab 1936 polizeilich überwacht, hatte er als „Neger" (ungenannter Autor) Drehbücher für Unterhaltungsfilme der UFA verfaßt und war nach 1945 erst Schulrat des Kreises Jerichow, dann Kulturamtsleiter in Magdeburg gewesen. Ein rundum nobler, gestandener Mann. Immer bemüht, den Druck der Partei zu mildern, genoß er hohes Ansehen bei dem Häuflein Magdeburger Autoren, über das er da bis zu seinem Krebstod im Januar 1958 die Hand hielt. Ausgerechnet die Jüngste nun hielt ihm eines Tages vor: „So wie du im ‚Rosenball' von 1937, Otto Bernhard, kann man heute nicht mehr schreiben!"

Mich hatte die streitbare Kollegin zunächst übersehen. Es war auch schwer, mich in Versammlungen zu bemerken. Ich war ziemlich dünn und so schüchtern, daß mir bei jeder Wortmeldung das Herz klopfte, weshalb ich viel lieber bloß zuhörte und schwieg. Dann, im Winter 1955, wurde mein Kriegsbuch „Unternehmen Thunderstorm" ein Erfolg, und Frau Reimann staunte, daß der mir nicht zu Kopfe stieg.

Das erst empfahl mich ihr (mehr als der Stil und die Faktenfülle des Romans), war Hochmut ihr selber doch ganz fremd. In puncto Schreiberei war sie selbstkritisch, stets bescheiden und voller Zweifel. Ihr Gerechtigkeitssinn ließ sie mich sogar fragen, ob wir, die Schriftsteller in der DDR, nicht schon dadurch hinreichend bevorzugt seien, daß wir unser Hobby zum Beruf machen konnten? Ansonsten überschätzt und überbezahlt! Ihre Realität sah allerdings anders aus, im Schuldienst hatte sie mehr verdient; denn Schreiben und Veröffentlichen, das blieb durchaus zweierlei.

Ihr Blick fiel also auf mich, durch gegenseitige Wertschätzung kamen wir uns näher. Als ich meine Scheu aber endlich überwand und sie nach einer Tagung im Club Otto von Guericke in mein Auto bat, tauchte aus dem Dunkel heraus ihr Ehemann und riß die Wartburg-Hintertür kraftvoll auf, noch ehe ich die entriegelt hatte. Ein Zugriff, der mich jäh in die Schranken wies... Vielleicht hat gerade der Verzicht auf Intimeres unsere Freundschaft gestärkt, aus ihr eine Bindung gemacht - es blieb mir erspart, B. R.s Privatleben noch mehr zu verwirren oder sie gar als Liebhaber zu enttäuschen.

Wenig später mußte das Band sich bewähren. Ab Herbst 1956 streckte, wegen der Debatten nach Chruschtschows Enthüllungen auf dem XX. Parteitag, die Staatssicherheit ihre Fühler nach uns aus. Wir konnten das kaum fassen und nahmen es keineswegs ernst. Mit einer Mischung von Ärger, Belustigung und Leichtfertigkeit reagierte ich z.B. darauf, daß ein Ober des Berliner Pressecafés mir den Zutritt verbot mit dem grotesken Satz, Autoren hätten das Lokal als „toten Briefkasten" mißbraucht. Das ginge nur, erklärte ich ihm, wenn man's nicht richtig reinigen lasse..... Tatsächlich war Säuberung angesagt: der Köpfe von rebellischen Ideen.

Wie nervös die SED-Spitze wirklich war, belegt ein Brief des Parteichefs vom 31. Juli 1957 an den Kulturminister Johannes R. Becher. „Lieber Hans", heißt es darin, „meines Erachtens ist es notwendig, Stellung zu nehmen zu den politischen Schwankungen einer Reihe Kulturschaffender vor und nach den Ereignissen in Ungarn. Diese Schwankungen stehen im Zusammenhang mit der Ausnutzung von Einrichtungen des Kulturbundes für staatsfeindliche Tätigkeit, wie es mit der konterrevolutionären Gruppe Harich, mit Janka, Just und anderen geschehen ist. Wenn ich dir einen Rat geben darf, so ist es der, zu sagen, wie die Gegner der Arbeiter- und Bauern-Macht Unklarheiten und Schwankungen bei manchen Kulturschaffenden über die Rolle der Partei - und die Fragen der Freiheit ausgenutzt haben. Die Rolle von Lukács als Mitglied der Regierung Nagy hat auch in Berlin ihre schädlichen Auswirkungen gehabt. Dank der Wachsamkeit der Partei und der Arbeiter- und Bauern-Macht haben wir in Berlin nur einen Teil der ersten Etappe der Politik des Petöfi-Kreises erlebt. Auch darüber wäre es an der Zeit, einiges zu sagen. Mit bestem Gruß - Walter Ulbricht."

Diesen Text findet man in Walter Jankas Buch „Die Unterwerfung" (München 1994). Im Vorwort dazu schreibt Günter Kunert mit Blick auf die Literaturgespräche damals im „Donnerstag-Club" und im Aufbau-Verlag: „Mag sein, daß die solcherart entstandene Atmosphäre auch einen Hauch des Unwirklichen hatte, allein schon durch die Verkennung der Machtverhältnisse. Auf der einen Seite die paar von den Ansätzen zur Entstalinisierung, von den reformfreudigen Diskursen in Polen und Ungarn angeregten und aufgeregten Intellektuellen, auf der anderen Seite Staat und Partei mit dem Unterdrückungsapparat.

Der Alte Markt mit Rathaus, Johanniskirche und - rechts im Bild - den ersten neu errichteten Häusern

Der Traum, mit der Macht einen Dialog führen zu können, war bei Beginn des Ungarnaufstands ausgeträumt. Das Imperium schlug zurück. Die Vernunft als solche hatte überhaupt nichts bewirkt. Jetzt wurde ihre Kehrseite deutlich, indem die Macht an die Vernunft appellierte, und zwar in dem Sinne von: 'Verhaltet euch doch vernünftig', was im Klartext meinte: 'Unterwerft euch lieber, das ist besser für euch!' Dieser Vernunft-Appell wurde weithin befolgt. Aus der Reihe des Gehorsams tanzte nur einer: Walter Janka."

Im Berliner Aufbau-Verlag. Ansonsten wurde Ernst Blochs

Mahnung zum „aufrechten Gang" nicht nur in Leipzig von Erich Loest gehört. Mancherorts kam es zu „sinnlosen Demonstrationen" im Sinne Rosa Luxemburgs - scheinbar nutzloses Tun, das, wie sie schrieb, „dennoch in den geistigen Gesamthaushalt als Beitrag zum Fortschritt eingeht." Keineswegs hat sich, wie Kunert meint, „jeder in seiner inneren Not eine Erklärung zurechtgeschustert, um mit dem System intellektuell auskommen zu können, ohne verzweifeln zu müssen."

Wohl mögen in jenem Ozean von Konformismus und Karrierismus bloß ein paar Klippen des Widerspruchs aufgeragt sein, von der Parteijustiz mit Warnfeuern bestückt und seitdem Leuchttürme, bis heute. Doch vielfach boten flache Inseln, sichtbar nur aus der Nähe, Bedrängten Zuflucht. Während namhafte Autoren, durch ihren Weltruhm geschützt wie Anna Seghers, zu der Verfolgung schwiegen oder, so Kunert, „nur unter vier Augen höheren Ortes bittstellerhaft auftraten", „weshalb von den unbekannteren, den namenloseren kein Protest zu erwarten" gewesen sei, gab es, etwa in Magdeburg, eben das doch: selbständiges Handeln, Schritte zur Opposition ohne viel Rücksicht aufs eigene Wohlergehen.

„Am 28. September 1957", schrieb Brigitte Reimann acht Monate später ihrem DSV-Bezirksvorstand, „kam in meine Wohnung in Burg ein Angestellter der Staatssicherheitsorgane, Herr Kettner, um mit mir die Lage der Schriftsteller zu erörtern. Als ich ihn an den Verband verwies, sagte er, die Staatssicherheit wende sich ausdrücklich an mich, weil aus Berichten, die über mich vorlägen, hervorgehe, daß ich gewissen Erscheinungen unserer Kulturpolitik sehr kritisch gegenüberstünde und meine Ansichten offen auszusprechen pflegte. Er erklärte mir, es sei u. a. Aufgabe der Sicherheitsorgane,... Fehler und Mißstände, die Unzufriedenheit auslösten, zu beseitigen. Ich solle berechtigte Klagen der Schriftsteller an die Bezirksstelle der Staatssicherheit weiterleiten, damit sie Abhilfe schaffen könne.

Dieser Darstellung mußte ich entnehmen, daß ich meinen Kollegen einen Dienst erweisen konnte, wenn ich zur Mitarbeit bereit war. Ich willigte schließlich ein und schrieb eine Bereitschaftserklärung, in der ich mich zum Schweigen verpflichtete. In der Tat hatte ich damals das Gefühl, bei einer guten und nützlichen Sache zu helfen.

Wenig später merkte ich jedoch, daß man mich getäuscht hatte: Es kam nicht auf reale Hilfe an, sondern auf eine organisierte Überwachung meiner Kollegen. Ich sollte über jeden einzelnen Schriftsteller berichten, über seine politischen Ansichten und privaten Neigungen, und Diskussionsbeiträge aus unseren Tagungen wiedergeben. Vor allem sollte ich darauf achten, ob einer der Kollegen (in diesem Zusammenhang nannte man Wolfgang Schreyer) zuweilen ironische Bemerkungen während einer Debatte machte - versteckte Sarkasmen seien eine besonders gefährliche Form der Zersetzungsarbeit unter der Intelligenz.

Einmal sagte ich..., es ließe sich doch nicht kontrollieren, wenn ich die Berichte fälschte. Darauf erwiderte K., eine Kontrolle sei durchaus möglich - ob ich denn sicher sei, daß nicht ein zweiter Kollege mit ihnen in Verbindung stehe? Einigen Andeutungen konnte ich dann entnehmen, daß man tatsächlich schon über Diskussionen informiert war. (Beispielsweise die Debatte über die 'Junge Kunst'; Novembertagung im Haus des Handwerks.)

Ich verweigerte die Berichterstattung, die ich mit meinem Gewissen nicht vereinbaren konnte, und riet, man sollte, wenn man diese Arbeit schon für notwendig halte, einen anderen gewinnen - etwa einen Genossen der SED, der diese Notwendigkeit einsehe. K. bestand jedoch darauf, daß ich es sein müßte - weil es einer Frau leichter fiele, in einem Gespräch unter vier Augen die wahren Ansichten der Kollegen zu erfahren. Diese Taktlosigkeit veranlaßte mich, meinen Mann, Günter Domnik, zu verständigen."

In meiner Stasi-Akte, der ich dies entnehme, ist der folgende Absatz geschwärzt, nach dem Brauch der Gauck-Behörde, Privates fremden Blicken zu entziehen. Am 7. Dezember 1957 nämlich schlug G.D., beim Trinken gestört, im Burger Café Roland einen Wachtmeister nieder, der die Polizeistunde durchsetzen wollte. Bei seiner Festnahme rief D. sinngemäß, hier sei doch alles beschissen. Damit fügte er den Tatbeständen des Widerstands und der Körperverletzung noch den der „Boykotthetze" hinzu.

Niemand setzte die Ehefrau ins Bild. Erst nach vier Tagen wurde ihr klar, daß D. im Burger Untersuchungsgefängnis saß. Sie fühlte sich mitschuldig. Trank ihr Mann nicht auch, weil die Ehe unter ihrer Flatterhaftigkeit litt? Mußte sie ihm da nicht beistehen in seiner Not? In „einem Zustand verzweifelter Ratlosigkeit" fuhr sie zur Stasi-Bezirksverwaltung Magdeburg,

Walther-Rathenau-Straße 88. Damit wurde es Ernst. Der Führungsoffizier versprach ihr Hilfe. Doch für die Sprecherlaubnis, die Leutnant Kettner ihr am Heiligen Abend erwirkte, hatte sie einen Bericht zu liefern, der erstmals Persönliches enthielt, auch von mir.

Was sie da über mich aufschrieb, klingt auch noch drei Jahre später, in einer Zusammenfassung des Unterleutnants Dietze, eher schmeichelhaft: „In seinem Wesen undurchsichtig, dabei aber sehr höflich, hat er gute Manieren, ein vorbildliches Auftreten und wird allgemein als Gentlemen bezeichnet. Unbekannten Personen gegenüber legt er Vorsicht an den Tag. Er führt eine harmonische Ehe, hat eine sehr schöne Frau und ein Kind..."

Unter dem Decknamen GI „Kathrin" (GI = Geheimer Informant, in den 60er Jahren ersetzt durch das Kürzel IM für Inoffizieller Mitarbeiter) rühmte B. R. mich als „Fachmann für Abwehrfragen" und dichtete mir Kontakte zu leitenden Persönlichkeiten des Schriftstellerverbandes, der Nationalen Volksarmee, ja sogar der Staatssicherheit selber an; ferner „Verbindungen bis nach Polen zu Zentralarchiven, wo er viele Materialien für den Roman 'Unternehmen Thunderstorm' entnommen hat."

Dies war kaum das, was die Stasi von ihr hören wollte. Die brauchte Belastendes, dafür bot man ihr Geld, einen Telefonanschluß und Fürsprache zur Begnadigung des Ehemanns. All dem wich sie aus, auch ein zweiter Bericht (von Anfang Januar 1958, über die geplante Gründung einer „unabhängigen Zeitschrift" junger Künstler) stellte die Behörde nicht zufrieden. Am Monatsende, beim Gerichtstermin, konnte sie ihren Mann nochmal sprechen, und er riet ihr von weiteren Stasikontakten ab, „weil er keine auf diese Art erlangten Vorteile vor seinen Mithäftlingen zu haben wünschte".

Kurz danach suchte Leutnant Kettner B. R. daheim in Burg auf, Neuendorfer Straße 2, und warnte sie vor den Folgen ihrer Renitenz. Ihm war zugetragen worden, sie erwäge, nach Westberlin zu gehen. Auch eine Flucht dorthin werde ihr nichts nützen, sagte er. Man habe ja ihre Bereitschaftserklärung, damit könne man sie jederzeit drüben kompromittieren, „im Flüchtlingslager hochgehen lassen".

Perplex blieb sie zurück. All die neuen, großartigen Sozialismusvisionen, denen sie ja folgte, rechtfertigen die so

Im kleinen Park an der Hegelstraße - unmittelbar gegenüber dem Club „Otto von Guerikke" - spricht Wolfgang Schreyer der zutiefst verletzten Schriftstellerkollegin Brigitte Reimann Mut zu.

etwas? Schwerlich! Als integrer Mensch, geprägt auch von bürgerlichen Wertvorstellungen des Elternhauses, war sie unfähig, zu spitzeln. Was also tun, wem sich anvertrauen? Im letzten Herbst hatte Otto Bernhard Wendler, Erfahrungen mit der Gestapo erwähnend, die Kollegen ersucht, sich gegen Schnüffler zu wehren. Aber Wendler war tot, der Bezirksvorstand des Schriftstellerverbandes bestand nun aus Wolf D. Brennecke, Martin Selber und mir, drei Parteilose, wie die Obrigkeit während des folgenden Skandals verblüfft merkte.

Anfang Februar offenbarte sich „Kathrin" mir - entweder, weil sie wußte, daß der sowjetische Geheimdienst mich zwölf Jahre zuvor wegen eines vermeintlichen Kontakts zum britischen Secret Service eingesperrt hatte; oder weil ich ihr als Verfasser von Kriminal- und Spionagestorys mit der Materie (und deren kolportagehaftem Hauch) vertraut zu sein schien.

Es war klar, wir mußten protestieren, zumindest bei der Berliner Verbandsleitung. Bevor B. R. es wagte, durch offene Dekonspiration ihre Schweigepflicht zu brechen, riet ich ihr, inhaltsarme Berichte zu schreiben: Texte, die der Stasi nichts nützen, ohne nachprüfbar falsch zu sein. Bis auf lachhafte Schwachen, wie Schwatzsucht, sollte das Umfeld positiv erscheinen; Ehrgeiz, Unmoral oder gar ideologische Blindheit nur geflüchteten bzw. schon verstorbenen Kollegen angehängt werden. Außerdem fuhr „Kathrin" für ein paar Wochen in das Schriftstellerheim Petzow.

Aber mit solchem Spielmaterial ließ die Behörde sich nicht abspeisen. Kaum kam B. R. über Ostern heim, da sprach am 6. April schon Leutnant Kettner bei ihr vor und äußerte - so ihr Brief an den Verband - „im Verlauf eines sehr unerfreulichen Gesprächs, man werde Zwangsmaßnahmen gegen mich ergreifen müssen, wenn ich mich künftig nicht besser aufführte. Als ich ankündigte, ich werde mich beim Schriftstellerverband beschweren und nicht verschweigen, auf welche Art man die beiden Berichte von mir erlangt hatte, bekam ich zur Antwort, daß die Staatssicherheit selbstverständlich alles in Abrede stellen werde. Bei einer Diskussion im Verband würde man nicht mir, sondern den Sicherheitsorganen glauben; es käme nur auf die Darstellung an."

Brigittes Weigerung bewog die Stasi nur, den Leutnant K. durch einen anderen Offizier zu ersetzen, der nun mit ihr arbeiten sollte. Erst als dieser sie gegen ihren Willen nach der Maitagung in Domersleben - und nochmals am 20. Juni - daheim bedrängte, brach sie restlos das ihr auferlegte Schweigen und stellte den Fall im Kollegenkreis zur Diskussion. Alle waren empört, besonders Walter Basan, der es als einziger Autor in Magdeburg schon 1953 gewagt hatte, durch spontanen Austritt aus der SED auf den 17. Juni zu reagieren.

Im Namen des DSV-Bezirksvorstandes schrieb ich ein 12-Punkte-Papier mit dem Titel „Schriftstellerverband und Staatssicherheit"; die Abschrift liegt bei der Gauck-Außenstelle Magdeburg. Das recht pedantisch verfaßte Dokument begann mit dem Satz: „Die Staatssicherheit ist ein notwendiger Bestandteil des Staatsapparates der DDR." Das diente nicht nur zur Absicherung, davon war ich wirklich überzeugt. Von solch allgemeiner Zustimmung Punkt für Punkt fortschreitend zur Ablehnung der Spitzelei, hieß es nach Sichtung sämtlicher Fehlerquellen am Schluß: „Sie kann aber diese nur ausschalten, indem sie zwei, besser noch drei verschiedene, unabhängig voneinander in derselben Organisation arbeitende Berichterstatter beschäftigt. Bei einem so kleinen Personenkreis wie den Mitgliedern des DSV/Magdeburg, die miteinander freundschaftlich verbunden sind, ist dann jedoch die Geheimhaltung nicht mehr gewährleistet..."

Im Resümee: durch Spitzelfurcht sterbe das Verbandsleben ab; sei es aber tot, versiegten die Quellen, und die Stasi tappe im dunkeln hinsichtlich der Autoren. Die Denkschrift legte den

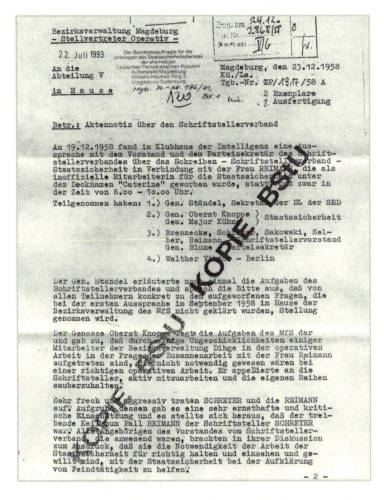

Aus den „Stasiakten" des Schriftstellers Wolfgang Schreyer, gestempelt vom „Bundesbeauftragen für die Unterlagen des Staatssicherheitsdienstes der ehemaligen Deutschen Demokratischen Republik" (BStU, „Gauck-Behörde")

Finger auf die Wunde, sie reizte das Haupt der MfS-Bezirksverwaltung, dem das Papier aus Berlin rasch zuging. Oberst Reinhold Knoppe sah darin eine freche Schilderung seines Vorgehens. Hatte er doch neben „Kathrin" längst schon Horst Blume, den Direktor der Volkshochschule Halberstadt, als zweites Mitglied im Verband gewonnen; dazu noch seinen Leutnant Rolf Merkel sowie einen Gerhard Schneider bei den Jungen Autoren eingeschleust. Und nun war die ganze Mühe umsonst.

Am 1. August 1958 übte Knoppes Stellvertreter Operativ, Major Heinz Kühne, sich in Schadensbegrenzung. Nach Rücksprache mit Oberst Schröder, dem Chef der Hauptabteilung V (Vorläufer der HA XX) in Berlin, legte er fest, Anfang September den örtlichen DSV-Vorstand - verstärkt um den flugs hinzugewählten Helmut Sakowski und den Parteisekretär Blume - „im Sonderzimmer der Staatssicherheit" anzuhören. Vorher, während meines Bulgarien-Urlaubs, war durch die Abt. O bei mir „Technik B" (Wanzen) zu installieren. Mein bester Freund außerhalb des Verbandes, der GI „Prätorius", sollte verstärkt berichten.

Im „Sonderzimmer" lief ein Tonband, es hielt die Aussprache vom 5. September fest, von der ein 58-Seiten-Bericht existiert. Dazu hatte man die Kronzeugin B. R. freilich nicht geladen! Wie es ihr prophezeit worden war, stritt Major Kühne alles ab: Frau Reimann habe halt zuviel Phantasie. Ihm trat - im Beisein von Vertretern der SED-Bezirksleitung, des ZK-Mannes Willi Lewin und des Verbandssekretärs Walther Victor - Wolf D. Brennecke beherzt entgegen. Er lehnte jegliche Spitzelei ab, die „durch Druck und andere unqualifizierte Einwirkungen" eine begabte Kollegin in den Westen treiben könne. Ich sagte, die Nichtgeladene dürfte kaum „so wahnsinnig sein, hier der Staatssicherheit etwas anzuhängen, das nicht stimmt".

Die dreistündige Debatte ging aus wie das Hornberger Schießen. Nun erst nahm Oberst Knoppe, ein Veteran des spanischen Bürgerkriegs, die Sache selber in die Hand. Nach gründlicher Vorbereitung lud er denselben Kreis, auf unser Drängen hin plus Kronzeugin, am 19. Dezember in den Club Otto von Guericke. Ihr aber hatte er wegen „Staatsverleumdung" Strafe androhen und sie im Amt entwürdigend behandeln lassen. Erst 13 Jahre später, als ich sie letztmalig in Neubrandenburg besuchte, erfuhr ich von ihr Einzelheiten.

Dennoch, die Einschüchterung mißlang. Kaum gab der Oberst ihr im Club das Wort, da warf sie ihm in wachsender Erregung sogar an den Kopf, daß man ihr „Schäferstündchen" mit dem einsitzenden Ehemann versprochen habe, und zwar in einer Konspirativen Wohnung des MfS an der Wilhelm-Pieck-Allee, wenn sie Belastendes aus dem Kollegenkreis liefere. Ihr detailreicher Ausbruch beeindruckte wohl jeden. Knoppe aber sagte mit starrer Miene, er werde zugreifen, falls sie diese Lügen noch einmal wiederhole.

Sein kalter Gegenschlag trieb ihr Tränen ins Gesicht, sie sprang auf und lief ins Freie. Ich eilte ihr nach, obwohl Knoppe nun mich als Anstifter aufs Korn nahm. Draußen vorm Dom sprach ich B. R. Mut zu und brachte sie nach einer Viertelstunde mühsam in den Club zurück, damit man ihren Weggang nicht ummünzte zum Schuldbekenntnis.

Drinnen war man dabei, sich zu versöhnen. Die Strategie des Apparates zahlte sich aus. Walther Victor zeigte sich so harmoniesüchtig wie der SED-Kultursekretär Alex Ständel. Helmut Sakowski, ein Freund des Parteisekretärs Blume, stand wortkarg ganz am Anfang seiner literarischen und politischen Laufbahn. Den taktisch pfiffigen Martin Selber hatte der ZK-Mitarbeiter Lewin, ein Dunkelmann aus dem Harich-Prozeß, zuvor bekniet. Und Wolf D. Brennecke wurde just an jenem Tag von seinem Verlag gegenüber der Kritik im Stich gelassen, die seinen Roman „Peter zwischen den Stühlen" verriß.

Dank solch gutverzahnter Abläufe konnte Major Heinz Kühne, der vier Jahre später Magdeburgs Stasichef wurde, in einer Aktennotiz vom 23.12.1958 für die Abteilung V festhalten: „Der Genosse Oberst Knoppe legte die Aufgaben des MfS dar und gab zu, daß durch Ungeschicklichkeiten einiger Mitarbeiter der Bezirksverwaltung Dinge in der operativen Arbeit in Fragen der Zusammenarbeit mit Frau Reimann aufgetreten sind, die nicht notwendig gewesen wären ... Sehr frech und aggressiv traten SCHREYER und die REIMANN auf. Aufgrund dessen gab es eine sehr ernsthafte und kritische Einschätzung, und es stellte sich heraus, daß der treibende Keil zum Fall REIMANN der Schriftsteller SCHREYER war. Alle Angehörigen des Vorstandes vom Schriftstellerverband, die anwesend waren, brachten zum Ausdruck, daß sie ... gewillt sind, der Staatssicherheit bei der Aufklärung von Feindtätigkeit zu helfen.

„Sie nahmen ihr verfaßtes Schreiben - ‚Schriftstellerverband und Staatssicherheit' - zurück und drückten ihr Bedauern aus, daß sie aufgrund mangelhafter politischer Kenntnisse solch ein Schreiben verfaßt haben. Im Schlußwort brachte Gen. Ständel zum Ausdruck, daß diese Aussprache sehr fruchtbringend war, die Fronten klar aufgerissen hat und aufgrund dessen jetzt eine bessere Arbeit im Schriftstellerverband sich entwickeln kann... Operativ ist notwendig, daß aktiv durch die Abt." (akustische Observierung, später Abt. 26) „der SCHREYER bearbeitet wird und durch entsprechende Maßnahmen eine Überwachung der REIMANN eingleitet werden muß, da die Reimann für ein halbes Jahr zur Schwarzen Pumpe geht, um hier Stoff für einen neuen Roman zu erarbeiten."

Denselben Sachverhalt trug die Abt. V am 3. Januar 1959 der Hauptabt. V/1 in Berlin mit der Bitte vor, festzustellen, „welche Möglichkeiten bestehen, einen GM Ihrer Abteilung zur

Bearbeitung der Schriftsteller Schreyer und Reimann einzusetzen." Der spätere General Kienberg, damals noch als Major stellvertretender Hauptabteilungsleiter V, schickte am 27. April zwei Spitzelberichte über B. R. nach Magdeburg und kündigte die Ankunft seines Geheimen Mitarbeiters an.

Im November 1958 von ihrem inzwischen haftentlassenen Mann geschieden, heiratete Brigitte Reimann im Februar den Erzähler Siegfried Pitschmann, der zeitweilig Maschinist im Kombinat Schwarze Pumpe war. Mit ihm ging sie nach Hoyerswerda, wo ihr Kurzroman „Ankunft im Alltag" entstand, mit einem Literaturpreis des FDGB gewürdigt. Für ihre schöne Erzählung „Die Geschwister" bekam sie 1965 den Heinrich-Mann-Preis. Obgleich B. R. alte Kollegen noch öfter besuchte, endete so ihre Magdeburger Zeit. Sie gewann viele Leser, auch das Zuständige Organ vergaß sie nicht. Im Herbst 1960 vermerkte die Stasi: „B. Reimann arbeitet 3 Tage der Woche in einer Brigade, während sie die anderen 3 Tage schreibt." Von mir sei ihr das Buch „Tempel des Satans" mit einer Anspielung auf die 58er Ereignisse zugegangen. Selber sei ich „äußerst hinterhältig und jeder Gemeinheit fähig, auf jeden Fall als heimtückischer Feind zu betrachten, der ideologische Diversion betreibt, doch es versteht, seine Worte so zu setzen, daß momentan keine ausreichenden offiziellen Fakten zu einer Festnahme vorhanden sind."

Der Stellvertreter Operativ schlug vor, durch „Überzeugung, Geld oder komp. Mittel einen guten GM zu finden, der in der Lage ist, seine Tätigkeit im Schriftstellerverband Magdeburg aufzunehmen und dabei zu Schreyer Kontakt herzustellen. Diesen Weg sehe ich als fruchtbringender an, da durch die Reimann eine peinliche Situation für das MfS entstanden ist."

Der Major hatte zugelernt. Ihm kam nämlich nun die Idee, ein über den GM „Prätorius" an mich anzuschleusender zweiter GM solle sich mir dann wie einst „Kathrin" offenbaren! „Vorteil: Beide können bestimmte Gespräche so führen, daß der Schr. herausgelockt werden wird." - Hut ab vor soviel Schläue! Diese Profis haben als lähmende Last den Untergang des Staates beschleunigt, den sie zu schützen glaubten.

Friedrich Jakobs
Der erste Tag meines Sommerpraktikums

Der 17. Juni 1953 in Magdeburg - ein unvergeßlicher Tag für mich! Geprägt hatten mich (Jahrgang 1932) die Kriegs- und Nachkriegsjahre, die zunächst spannenden Ereignisse der Blitzkriege, dann aber die Schockerlebnisse mit dem „Heldentod" des Vaters, dem „Zusammenbruch" und der Besetzung durch Amerikaner und schließlich durch die sowjetische Armee.

In der Oberschulzeit (1947-51) dann erstes Einüben von demokratischen Spielregeln, aber auch erwachende Skepsis gegenüber dem stalinistischen Kurs der Jahre um 1950 und ein erstes Studienjahr 1952/53 voller Indoktrination und Reglementierung.

Der 17. Juni 1953 sollte nun der erste Tag meines Sommerpraktikums bei der Bau-Union Magdeburg werden, wo ich vor Studienbeginn ja schon auf den Baustellen der Stadt mit dem Geruch von Mörtel und Bauholz und ein bißchen mit den Magdeburger Arbeitern vertraut geworden war.

Während des Vorsprechens in der Personal-Baracke Rogätzer Straße hörte ich erste Radio-Meldungen über die Vorgänge in Berlin, denn dort hatten tags zuvor die Bauarbeiter der Stalinallee gestreikt. Da in den Nachrichten aber auch von Arbeitsniederlegungen in Magdeburg und Demonstrationszügen zum Stadtzentrum die Rede war, beeilte ich mich, über den Nordpark in die Innenstadt zu kommen. Als ich den Boleslaw-Bierut-Platz erreichte, empfing mich bereits ein Strom von Demonstranten, der aus Richtung Neustadt kam. Am „Maxim-Gorki-Theater" traf ich auf meinen Weimarer FDJ-Sekretär, der sein Praktikum ebenfalls in Magdeburg absolvierte. Er schüttelte ungläubig den Kopf und sagte immer wieder: „Was die bloß wollen, es geht doch schon ganz gut.", womit er einen beschwörenden Ulbricht-Spruch zitierte.

Die in Richtung Alter Markt Eilenden müssen da anderer Meinung gewesen sein. Vor dem Portal des Hauses IV der Stadtverwaltung hatte sich eine regelrechte Stoßkolonne gebildet. Ging man im Mittelalter per „Eberkopf" gegen das Burgtor vor, so versuchte man jetzt, sich mit Hilfe eines Laternenmastes Einlaß zu verschaffen. Aber ehe die Tür ernstlich Schaden nahm, wurde sie von innen aufgemacht. Findige Demonstranten hatten einen Weg hintenrum gefunden, und nun strömte das aufsässige

Volk durch den Haupteingang zum Sitz des Oberbürgermeisters.

Ich eilte über die Karl-Marx-Straße, wie der Breite Weg seit wenigen Wochen hieß, zum nächsten Brennpunkt in der Otto-von-Guericke-Straße. Das war ganz wörtlich, denn am Eingang des „FDGB-Hauses" brannte es. Gespeist wurde das Feuer von Fahnen, Stalinbildern und Akten, die aus den Fenstern geworfen wurden.

Die Ereignisse um mich herum hatten mich in eine ungeheure Spannung versetzt. Ich spürte deutlich: das ist ein historischer Tag, so etwas erlebst du vielleicht nie wieder!

Am 17. Juni 1953 wird auch in Magdeburg das Kriegsrecht ausgerufen.

Im Stadtzentrum trafen sich nun die Demonstrationszüge aus den einzelnen Stadtteilen, vor allem aus Buckau-Südost. Die Arbeiter vom Thälmann-, Marx- und Liebknechtwerk hatten sich spontan in ihren Schlosserklamotten auf den Weg gemacht. Die Menschenmenge wurde immer dichter, wogte hin und her. Man rief sich etwas zu, verständigte sich über Ereignisse in anderen Stadtteilen oder auch anderen Städten. Irgendwie war man euphorisch und aufgekratzt. Schnell geschriebene Transparente wurden mitgeführt, deren Texte auch in politische Forderungen umschlugen. Von Freiheit und Wiedervereinigung war die Rede, und als sich ein LKW voller Demonstranten seinen Weg bahnte, bekundeten Sprechchöre und Plakate gleichermaßen: „Auf nach Helmstedt, wir öffnen die Grenze."

Die zeitweilige Richtungslosigkeit der Demonstration wurde alsbald durch die Parole „Alles zum Polizeipräsidium, die politischen Gefangenen befreien!" kanalisiert. Als ich dort ankam, war der östliche Eingang am Sachsenring bereits erobert und die Politischen schon befreit. Alles drängte nun zum westlichen Flügel des Justizpalastes, wo sich die Haftanstalt befand. Vor der heranströmenden Menschenmenge machten sich zwei „Bonzenschleudern" aus dem Staube. Blecherne Geräusche verrieten, daß die flüchtigen Autos von der Eisenbahnbrücke aus mit Schotter beworfen wurden. Als dann ein Mann, bekleidet mit hellem Trenchcoat und Schlapphut (der inoffiziellen Uniform von Kripo und Sicherheitskräften) versuchte, über die Gesimse des im Krieg zerstörten Justizpalastes zu fliehen, setzten ihm junge Demonstranten nach. Ich wandte mich dem Verwaltungsgebäude der Haftanstalt zu. Hier kannte ich mich aus, hatte ich doch im Sommer 1952 am benachbarten Wohnhaus der Volkspolizei mit gemauert und betoniert.

Das Verwaltungsgebäude war voller Demonstranten, die nach Akten forschten, aber auch randalierten. Als eine Schreibmaschine aus dem Fenster geworfen werden sollte, griff ich ein, nahm sie dem Mann weg und sagte, daß diese auch von der neuen Regierung gebraucht wird. Denn, daß hier eine Etappe zu Ende ging und etwas Neues kommen mußte, wurde mir immer deutlicher bewußt.

Zunächst allerdings fielen erst einmal Schüsse aus Richtung Haftanstaltstor. Ich beeilte mich, um wieder auf die Straße zu kommen. Mittlerweile war es elf/zwölf Uhr geworden und die Menschenmenge vor dem Justizpalast hatte sich noch immer nicht beruhigt. Noch immer flogen Steine gegen die Fenster.

Plötzlich lag das Geräusch von Panzerketten in der Luft. Zuerst rollten schwere Lastkraftwagen an, dann aber rückten Panzer der Besatzungsmacht nach.

In meiner unmittelbaren Nähe hielt ein Panzer des Typs T 34. Ein junger Offizier schob sich aus der Luke und wollte mit den Worten: „Was hier machen? Arbeiter demonstrieren gegen Arbeiterregierung?" wohl einen Dialog beginnen. Lachen und Johlen antwortete ihm. Als man begann, den Panzer mit Steinen zu bewerfen, zog sich der Kommandant in dessen Inneres zurück.

Da trotz Aufforderung niemand von der Stelle wich, schossen die Panzer schließlich. Zwar erst einmal über die Köpfe hinweg, dennoch bewirkte dieses Signal eine allgemeine Auflösung der Demonstration.

Ich ging zum Hauptbahnhof und irgendwann fuhr auch ein Zug in Richtung meines Heimatdorfes.

Zu Hause hockte ich dann stundenlang vor dem Radio und erfuhr, daß es, wie in Magdeburg, in der ganzen Arbeiter- und Bauern-Republik zu Erhebungen gekommen war.

Die Besatzungsmacht hatte letztendlich überall das Kriegsrecht ausgerufen, Ausgehsperre verhängt und das Zusammentreffen von mehr als drei Personen verboten. Denn am 17. Juni 1953 war etwas Ungeheuerliches geschehen. Zum ersten Mal in der Geschichte des sozialistischen Lagers hatte sich ein Volk gegen das herrschende Regime erhoben.

Spontan hatten auch die Werktätigen der „Stadt des Schwermaschinenbaus" reagiert. Ob sie dadurch auch das Vorhaben, die über 1000 Jahre alte Stadt Magdeburg in „Ernst-Thälmann-Stadt" umzubenennen, vereitelt haben?

1997

Franz Fühmann
Mein erster Barlachtraum

            1017 Berlin
            Strausberger Platz 1

            16.1.73

Lieber Herr Selz, da haben Sie nun endlich Ihren Traum (unendlicher Wohnungsärger; ich bin zu nichts gekommen, und außerdem hat es beim Umsetzen der Stichworte in lesbare Sätze auch seltsame Schwierigkeiten gegeben), aber nun ist er da, und er soll Ihnen gehören, das heißt, ich werde ihn anderswo nicht publizieren. Mir träumte das in der Nacht jenes Tages, da ich mit den Arbeiten, Vorarbeiten, an meiner Barlachgeschichte begonnen hatte. Ich war Wochen vorher in Magdeburg gewesen, ganz kurz, hatte dort das Ehrenmal gesehen, es war auch neblig gewesen; das Ehrenmal im Dom (ich sah nur das Ehrenmal) war ein überwältigender Eindruck gewesen, von der Landschaft sonst nichts. Natürlich bezieht sich das „verschlagen" und das „mit Brettern vernagelt" auf den Zustand des Doms im Krieg. Das Lachen aus dem Dom hat einen anderen Grund. Ich hatte eben jenen Nachmittag mit Bewegung gelesen, daß Barlach einen tödlichen Haß gegen Alfred Kerr hegte (der ihn natürlich ungeheuerlich zerrissen hatte, ich glaube vor allem wegen der „Sintflut"), und daß Barlach eine beinah manische Furcht davor hatte, Kerr könnte den Umstand entdecken, daß der Name Barlach die Möglichkeit eines Wortspiels bietet und den üblen Wortwitz prägen: Barlach ist lachbar. Diese Furcht vor dem Wort, vor dem Namen, hatte mich unerwartet heftig bewegt, und ich konnte Barlachs verbürgte Äußerung verstehen, er werde, falls Kerr dies tatsächlich tue, ihn erwürgen. Nun, Kerr hat das nicht getan, und es hat ihm das Leben gerettet.

Lieber Herr Selz, Sie sollten das Heftchen als Weihnachts-, dann als Neujahrsgruß haben. Nun kommts halt später angewackelt. Und noch eins, was ich auch schon längst machen wollte (ich kann keine Päckchen packen und mein Weib auch nicht) die Bücher (Lenin-Gorki-Jung) hatte ich schon. Können Sie sie mir umtauschen und den Betrag verrechnen, wenn ich wieder bei Ihnen kaufe. (Wahrscheinlich so im April/Mai). Wenn's nicht

geht, dann kaufen Sie sie halt zurück.
Gibts was Neues bei Ihnen (Mythologica, Erotica, Philosophie; Neuausgaben deutsches Ausland)? Dann käme ich eher.

Noch ein Neujahrsgruß, Händedruck, Ahoi
Ihr

Aus dem Tagebuch
22. 4. 62

Ich stehe in einer leeren Bahnhofshalle, hohe Eisenkonstruktion, luftig, oben offen; vorn, einem Wartehäuschen gleich, ein Fahrkartenschalter; breite Gehsteige zwischen den Gleisen; Frost.
Zum Dach zu aufgebrochne Spitzbogen, drüber der Himmel. Vor dem Schalter eine endlose Schlange, stumm, ohne Vorwärtsbewegung, nur manchmal in sich zusammenzuckend. Kein Zug, kein Geräusch. Ich stehe und warte und warte auf nichts, da plötzlich kommen in schneller Folge Kollegen in die Halle, ich erkenne B.U., K.St., W.H. und, vierspännig in einer Kutsche, S.H.. Sie rennen um mich herum, und je mehr wir werden, umso aufgeregter werden wir, schauen auf die Uhr, studieren den Fahrplan, suchen einen Auskunftsbeamten, beugen uns übers Gleis und reden dann wieder gestikulierend aufeinander ein, und mit einem Mal fährt, ohne genaht zu sein, der Zug ein und fährt durch. Wir brüllen und pfeifen, der Zug hält, dampft ein Stückchen zurück, und der Lokführer schreit wütend aus seiner Maschine, was wir denn wollten, und wir rufen durcheinander, daß wir unbedingt mitkommen müßten, er möge aber noch etwas warten, wir hätten noch Besorgungen. Wir laufen geschäftig aus dem Bahnhof und haben uns im Nu zerstreut; ich will meine Koffer holen, doch ich weiß nicht recht, wo sie stehen, ja ob ich überhaupt welche habe, und da ich im Nachdenken, ob ich überhaupt abfahren wollte, langsam hinschlendre, komme ich vor ein verfallenes Wirtshaus, auf dessen Aushängeschild in großen Frakturbuchstaben nur das Wort HEIL steht.

Ich trete ein wenig zögernd ein und bin sofort in einem dunklen, unwirtlichen Raum, eigentlich nur etwas Dunst und Dampf um eine kümmerliche Theke, an der als einzige Gäste mein alter Feind H. und ein Urmensch sitzen. H's glattrasierter Schädel glänzt. Da ich eintrete, wendet er sich zu mir, mustert mich biederhaft spöttisch und sagt in seiner Kasinoart: Na, Ihnen gehts ja gut, Sie schaun noch immer versoffen aus! - Der Urmensch kichert; H. lacht geschmeichelt; ich mache pah und gehe hinaus und habe im Weggehen noch gesehen, daß der Urmensch dem H. auf die Schulter klopft.

Dunst, der zerflattert; die Einöde hat sich in eine Stadt verwandelt, eine gotische Stadt hochauf mit engen Gassen um einen Dom, auf dessen Freitreppe ein Sarkophag steht. Undeutlich Passanten. Ich stehe am Fuß der Treppe und steige hinan; es geht mühsam, ich muß mich die Stufen hinanziehn, und da ich den Sarkophag über mir sehe, habe ich das Gefühl, den Stein, auf dem er steht, nicht berühren zu dürfen. Da pfeift der Zug, ich klimme weiter, und da ich jene Stufe berühre, verwandelt sich die Treppe in eine geschlossene Kutsche und rast mit mir und Passanten davon. Sausende Fahrt, wir sitzen im Dunkel, Wellenrauschen, ein dumpfes, monotones Geräusch. Mehr Ärger als Angst und mehr Neugier als Ärger; wir hören die Wellen rollen und einer sagt wie traumverloren: Das ist die Elbe, und bei diesen Worten schnellt eine der Kutschenwände wie eine Jalousie mit leisem Pfeifen in die Höh und wir sehen die Landschaft: ein nebliges Feld, undeutlich ein Fluß, eigentlich nur sein Malmen, und jäh nähersausend ein anderer Dom, ein schwarzer, massiger, kaum gegliederter Block, eine berghohe Kasematte, in deren engvergitterten Nischen um Portal und Fenster Statuen an Stäben rütteln. Man sieht die Statuen nicht, nur die rüttelnden Hände und Nebelhaftes im schweren Schwarz; es heult; der Dom schwankt wild hin und her, ich spüre Mitleid und Angst, doch die Angst überwiegt und wird zum Grauen, da die Kutsche gradweg auf den Dom zuschießt. Wir rasen ins Schwarze; ich brülle auf, da schlägt die Kutsche einen jähen Bogen, und nun, da der Dom, sich wild werfend, kaum einen Fingerbreit vor der offenen Wand vorübersaust, sehe ich für einen Augenblick in der Nische neben einem mit Brettern zugenagelten Fenster einen bärtigen Mann mit gefesselten Händen und höre tief aus dem Dom ein gellendes Lachen, und im Wagen sagt eine schaudernde Stimme: Das ist der verschlagene

Das von Ernst Barlach geschaffene Ehrenmal wird 1929 im Dom aufgestellt, muß 1934 entfernt werden und kehrt 1955 an seinen angestammten Platz zurück.

Magdeburger! – Ich wache mit Angst und Herzschmerzen auf und begreife erst viele Stunden später, daß sich das letzte Wort und ein Teil des Traums auf Barlach bezieht.

Aus dem Tagebuch gezogen für den Magdeburger Sammler und Antiquar Reinhard Selz.

Franz Fühmann
16.I.73

Horst Krüger
Lachend durch den Sozialismus

*H*eute morgen hat Frau von Rantzau beim Frühstück im Hotel Schönebeck wieder gesagt: Daß Sie mich nicht mißverstehen, ich bin kein Flüchtling, ich bin legal gegangen. Ich sage nichts, ich sage überhaupt nichts hier, i wo! - und wir lachten dazu von Herzen. Ich sagte leise, es ist eigentlich wie von Dürrenmatt: Besuch der alten Dame, diese Hexe. Und dann sagte ich noch leiser, durch das Wort Hexe inspiriert: Vielleicht ist die uns vom Staatssicherheitsdienst hierher gesetzt worden? Ist dir nicht aufgefallen, daß sie abends immer so lange Berichte schreibt in ihrer Ecke? Das kam uns komisch vor; wir quittierten den Gedanken mit Heiterkeit. Eigentlich, und wenn man es recht bedenkt, ist dieser Besuch ganz anders verlaufen, als ich erwartete. Ich rechnete mit anstrengenden und ernsten Tagen, mit deutscher Bedrängnis aus Ost, doch so war es nicht. Wir waren meistens fröhlich und haben viel gelacht. Merkwürdig, warum eigentlich?

Schon morgens ging das los. Ich sah zum Beispiel nicht ein, warum man sich im Winter im Hotel mit kaltem Wasser rasieren und mit kaltem Wasser die Zähne putzen soll - jeden Morgen. Ich verschaffte mir also warmes Wasser. Ich verteilte in der Hotelküche vorm Herd wieder ein paar unmäßige Trinkgelder: blanke Scheine Ost. Die Leute hier sagen dann immer: Aber nicht doch, der Herr, das ist doch nicht nötig! - Und ich: Nötig nicht, aber auf der ganzen Welt üblich, und seitdem also steht jeden Morgen um neun Warmwasser, so ein richtiger mittelalterlicher Holzbottich, schön dampfend vor meiner Tür. Ich gieße mir meinen Teil ab, stelle mich dann mit dem dampfenden Bottich vor die Nachbartür, klopfe, rufe: Das Warmwasser ist da! Und schon lachen wir beide.

Dann, beim Frühstück, lachen wir über Frau von Rantzau. Nach dem Frühstück gehe ich in das kleine Lädchen nebenan, um die Morgenzeitungen zu kaufen. Das ist meine Gewohnheit von alters her. Und dann lesen wir beim ersten Tabaksduft rasch die Morgenpresse. Ich sage: Hier NEUES DEUTSCHLAND vom 20. November, das ist für die WELT vom 20. November - zum Abgewöhnen. Wir lesen die VOLKSSTIMME. Das ist doch die Zeitung, wo die dicke Frau, die Schrittmacherin in Moral, schreibt. Steht etwas Neues von ihr drin? Was schreibt sie denn?

Agitation und Propaganda allerorten ...

Und schon lachen wir wieder, ein bißchen. Donnerstags kommt immer die MZ, die Wochenzeitung für Magdeburg, heraus. Ich sage: Das ist DIE ZEIT, sozusagen, man muß sich daran gewöhnen. Wir lesen: Schöner unsere Stadt - Ums schöne Magdeburg - Wir wollen Leninschule heißen! Also das hier mit der Leninschule könnte auch aus der ZEIT sein, sagen wir. Nina Grunenberg berichtet aus Hessen-Süd: Linke Schüler wollen nicht mehr Kaiser-Friedrich-Gymnasium heißen. Ja, und dann lachen wir wieder etwas. Es soll ja bei kleinen Kindern so im zehnten, elften Lebensjahr eine eigene Kicherphase geben. Sind wir auf diese Stufe zurückgefallen?

Es gibt äußere Anlässe, natürlich. Für unsereinen ist die groteske Spannung zwischen Anspruch und Wirklichkeit ein Faktor der Auslösung. Man möchte manchmal hier weinen, aber tut dann doch lieber lachen. So schlecht ist ja manches gar nicht bestellt. Aber Agitation und Propaganda nehmen bei ihren Parolen immer den Mund so voll und tun das in diesem merkwürdig geschwollenen, aufgetriebenen Parteideutsch, daß der bescheidene Fortschritt ins Lächerliche gezogen wird. In Ostberlin las ich einmal: „Köpenick kämpft fest an der Seite Kubas!" Das ist für einen alten Berliner natürlich zum Lachen.

An den Tankstellen der DDR kann man lesen: „Der Minol-Pirol gratuliert dem zwanzigsten Jahrestag." Wir grübelten eine Weile darüber und kamen dann zu dem Schluß: O arme deutsche Sprache, man kann doch nicht einem Jahrestag gratulieren, höchstens zum Jahrestag. Die Warenhäuser hier tragen, russisch entlehnt, so funkelnde Namen wie Stern, Dynamo, Magnet, Kaufhaus Diamant, obwohl sie solche Schätze nicht bieten. Man

„Auf Du und Du" - so lautet die Pressefestlosung im Jahre 1956.

denkt: Ein Kaufhaus Müller wäre gut, und lächelt wieder. Zu Hause, die Abteilungsleiterin aus dem Warenhaus, die gerade von einem Qualifizierungs-Lehrgang zurückgekehrt war, sie holte nach einigem Zögern ihre schriftliche Arbeit hervor, die sie nun zur"Objektleiterin" beförderte. Die Examensarbeit ging um das dröhnende Thema: „Macht, Delegation von Macht und das Problem der delegierten Macht im elektronischen Zeitalter."

Am Bahnhofsvorplatz gab es in den 50/60er Jahren keine Parkplatzprobleme.

Ach, sagte sie lachend, früher war es noch schlimmer: da ging es nur um Marxismus-Leninismus. Die schlichte Frau hatte sich mühsam abgerackert mit diesem Wust von Fremdworten, ein spätscholastischer Salat: Sie hatte es nicht geschafft. So hatte sie Glas - Glas ist ein Engpaß jetzt in Magdeburger Geschäften - einem Studenten versprochen, der ihr dann diesen Aufsatz schrieb: steil und hoch, in einer hochgedonnerten Gelehrtensprache. Es las sich wie Sozialtheologie, die vom Himmel troff. Nur mit der Interpunktion haperte es bei dem Studenten. Die Kommas waren falsch gesetzt. Und natürlich nahm sich das in der gelehrten Sprache wieder komisch aus. Wir lachten, etwas traurig, etwas herzlich.

Natürlich ist da noch mehr. Das Doppelbödige der Existenz, das augenzwinkernd durchgelebt wird jeden Tag. Ich wollte zum Beispiel fernsehen - irgendwo. Und es war wieder, wie ich es schon aus Ostberlin kannte. Auch die Magdeburger sehen alle das Westfernsehen - es kommt ganz mühelos vom Brocken: Ost und West. Ich bestand hartnäckig auf Ost und setzte es schließlich durch, eine Programmänderung am Abend, dem Gast zuliebe. Ich sah mir Eduard v. Schnitzlers Montags-Magazin „Der schwarze Kanal" an. Die Magdeburger sagen: Sudel-Ede, und lachen darüber, etwas wegwerfend. Sie sind unheimlich gut informiert über uns. Sie sehen abends immer das westdeutsche Fernsehen. Es ist nicht mehr verboten, obwohl das 1. Programm als etwas weniger schimpflich gilt als das aus Mainz. Sie haben manchmal die Gemeinschaftsantenne, die zweite, im Müllschlucker und kennen also jeden Schlagersänger, jeden Quizmaster, unsere Minister und Bundestagsabgeordneten unheimlich genau. Das ist schon eine etwas makabre Lebensform: tagsüber blicken sie alle nach Moskau, abends zu Hause und jeder für sich in die Bundesrepublik. Und niemand in der DDR, der es einrichten kann, versäumt am Freitagabend den Krimi im Ersten Programm. Es werden Parteilehrgänge deswegen verschoben, stillschweigend. Am Freitagabend sieht nur einer zuverlässig Ost, sagen die Magdeburger: Walter Ulbricht. Der sieht sich das alles sehr gründlich an an Wochenenden, wenn er Zeit hat, und telefoniert dann wie ein guter Landesvater mit Adlershof, sagt, was gut, was fördernswert und was noch zu verbessern sei. Der Gedanke, daß ein so gewaltiger Apparat wie das Fernsehen am Wochenende nur für einen Menschen gemacht wird, ist natürlich erheiternd. Wir lachten wieder.

    Und natürlich gibt es hier viele Witze, politische Witze, die von Mund zu Mund gehen. Kennen Sie den? Haben Sie den schon gehört? Ein Mann sitzt mutterseelenallein an seinem Tisch in einer Autobahnraststätte. Viele Menschen an anderen Tischen. Plötzlich erhebt er sich, steht auf und ruft seinem imaginären Tischpartner drohend zu: Ich lasse auf unseren Staatsratsvorsitzenden nichts kommen! Ich nicht! Dann setzt er sich wieder, brütet vor sich hin, reißt sich plötzlich wieder hoch, ruft laut beteuernd in den Saal hinein: Ich lasse unseren Staatsratsvorsitzenden hier nicht beleidigen! Ich nicht!

    Die Magdeburger kichern dann schon, sie prusten und lachen, obwohl man noch gar nicht weiß, worauf der Witz eigentlich hinauslaufen soll. Man versteht die Pointen auch meistens nicht. Pointen von guten Witzen setzen eine geschlossene Gesellschaft voraus, an der wir keinen Teil haben: Vergeblichkeit. Siehst Du, sage ich, das ist wieder so ein Unterschied, an dem man sich festhalten kann, wie mit den Gammlern. Das gibt es bei uns nicht. Hast Du schon einmal einen Witz über Brandt, über Kiesinger, über Heinemann gehört? Also weiter: lachend durch den Sozialismus!

Elisabeth Graul
Weil es die Bäume gab

Ehe ich nach langjähriger politischer Haft 1962 nach Magdeburg entlassen wurde, wußte ich nur wenig von dieser Stadt. Eine Mitgefangene, dort geboren und aufgewachsen, hatte mir erzählt, da gebe es einen Dom und davor eine große Linde. Im Januar 1945 sei bei einem Bombenangriff das gesamte Zentrum zerstört worden, ähnlich wie in Dresden. Auch der Dom sei beschädigt, doch die Linde habe das Inferno überlebt.

Jener Baum beschäftigte meine Phantasie und wurde zu einer Art lebender Verheißung für die mir fremde Stadt.

Ich kam auf einem grauen, schmutzigen, durch Bomben schwer lädierten Bahnhof an, sah davor eine weite, grüne, zum Teil bepflanzte und mit Bäumen bestandene Fläche, links davon neu errichtete Häuserreihen und gegenüber Reste von Gebäuden, mit Behelfsdächern versehen, Ruinen, angeschlagene Altbauten. Auf der rechten Seite ragte eine Art Hochhaus, das Gebäude der Magdeburger Zeitung, der „Volksstimme", empor.

Der erste Eindruck hatte nichts, was mich besonders berührte. Wahrscheinlich hatte ich gar nicht erwartet, daß die Schäden des Krieges bereits beseitigt worden wären.

Später begann die Zimmersuche. Nachgewiesen wurden mir schlimme Behausungen, feuchte Räume, Hinterhauswohnungen, deren Wasserentnahmestelle sich im Keller befand. Unzumutbares. Meine Ansprüche waren zwar niedrig nach der hinter mir liegenden Zeit, aber das Angebotene war dunkel und ohne jeden freundlichen Ausblick. Den glaubte ich zu brauchen.

Ein Vierteljahr lang war ich zu Gast bei meiner Pflegemutter, dann bot sich in Buckau in der Basedowstraße ein Mansardenzimmer, Südseite; das bedeutete Sonne, viel Sonne. Der Blick aus dem Fenster allerdings traf auf ein graues Teerdach und verfallene, einst vornehme Bürgerhausfassaden, deren Figurenschmuck beschädigt, der Stuck zum Teil abgefallen war. Aus dem Winkel neben einem gegenüberliegenden Fenster aber wuchs auf etwas angewehter Erde eine kleine Birke, an der sich meine Augen festsogen.

Ich war noch ein Schulmädchen, als ich zusammen mit meiner Freundin bei einem Spaziergang im Erfurter Steigerwald eine winzige Birke ausgrub, um sie in unserem Vorgarten wieder einzupflanzen. Sie wuchs nur langsam, kümmerte ein bißchen. Bis zu meiner Verhaftung im Jahre 1951 habe ich sie gehegt und behütet. Als ich nach elf Jahren wiederkam, wollte ich meinen Augen nicht trauen: Mich begrüßte eine haushohe, kräftige Birke, deren Schönheit mich überwältigte. Sie hatte es geschafft, ich auch: Wir haben beide den Überlebenskampf gewonnen.

Der Linde vor dem Dom - es standen sogar mehrere Bäume vor der Westfassade - war ich längst begegnet. Sie erinnerte mich an einen ähnlichen Baum.

Auf dem Innenhof des Frauenzuchthauses hatte in den ersten Jahren eine mächtige alte Linde gestanden. Man mußte, was verboten war, auf den Holzhocker steigen, um sie hinter den Gitterstäben des Zellenfensters zu sehen. Sie kündete in der Abgeschiedenheit vom Fortgang der Jahreszeiten. Wenn sie blühte, entströmte ihr ein so lebendiger, berauschender Duft, daß er in diesem Totenhaus kaum zu ertragen war und dennoch beglückte, weil es schien, er weitete den Käfig. Einmal fiel Schnee, als sie bereits grün war. Jung wie ich war, legte er sich als Eis auf meine blühbereite Seele. Eines Tages wurde die Linde ermordet. Sie stand bereits im Saft. Uns Gefangene trafen die Axthiebe ins Mark. Wir schrien unseren Protest aus den Fenstern. Lange hielt sie stand. Als es nicht gelang, sie auf diese Weise zu fällen, holte man einen Traktor und Stricke...

Die zahlreichen Bäume in den Anlagen Magdeburgs und an den Straßenrändern dieser tristen Stadt hatten etwas Tröstliches. Kastanien gab es viele; einige Zeit nach meiner Entlassung wurden ihre klebrigen Knospen immer dicker, bis sich das Wunder ihrer Blütenkerzen entfaltete. Am Kuckuckswäldchen, um die Gedenkmauer für die Opfer des Faschismus herum - die mächtigen Bäume waren ein Symbol für die österliche Auferstehung, auch für meine eigene Rückkehr ins Leben. Auf dem Stück Porsestraße, das zum früheren „Sahneröschen" führte, hingen einige Äste so tief, daß sie zum Stehlen verführten. Ich beging eine Art Mundraub für meine Seele und brach, um sie in die häusliche Bodenvase zu stellen, ein paar Zweige ab. Da hatte ich ihn ganz nahe vor mir, den lebendigen Aufbruch.

In diesem vierten Stock eines alten Hauses, in den ich eingezogen war, sah es aus, als hätten die Bomben gerade erst eingeschlagen - die Wände wiesen große Löcher auf, die Installation war nur teilweise vorhanden, das Klo war gegenüber, hatte einen angerosteten Eisentrichter ohne Brille und eine nicht funktionie-

rende Spülung - trotzdem machte ich mich, im Nehmen hart trainiert, mit Hilfe eines Rentners ans Werk, um mir aus diesem Loch eine Behausung zu schaffen.

Zu den anderen Mietern der Basedowstraße 3 gab es zunächst wenig Kontakt; meine Scheu nach so vielen Jahre der Isolierung war nicht so einfach zu überwinden. Der Magdeburger Dialekt stieß mich ab. Wie konnte man zu einem Baby „Beele" und zu einem Kleinkind der oder die „Kahle" sagen, und das mit einer Klangfärbung, die aus dem A fast ein O machte? Diese Art Sprache empfand ich als häßlich. Sehr bald merkte ich, daß die

Magdeburger Puppentheater, Warschauer Straße, 1959

Magdeburger viel weniger entgegenkommend und liebenswürdig waren als die Bewohner meiner thüringischen Heimat. Dort konnte man mit jeder Verkäuferin ins Gespräch kommen, wenn man das wollte, und Auskünfte wurden jederzeit freundlich erteilt. Ich „fremdelte".

Wenige hundert Meter entfernt befand sich das Puppentheater, das erst vor kurzer Zeit erbaut worden war. Ich bekam dort eine Anstellung und verständnisvolle Kollegen, begeisterte mich an dem Spiel für Kinder, zitterte aber vor all dem Neuen, das bewältigt werden mußte. Diese meine

Wirkungsstätte bestand aus einem langgestreckten Gebäude, das Zuschauerraum und Bühne enthielt, und einer danebenstehenden Holzbaracke mit unserem Aufenthaltsraum.

An den Wänden hingen Puppen aus vielen Inszenierungen. Wir gaben mehrere Vorstellungen am Tag und bauten dazwischen auch noch um. Ohne eine große Portion Pioniergeist hätten wir nichts zustande gebracht. Die Kinder liebten i h r Theater, das in der Bedeutung dem Großen Haus nicht nachstand.

Später errichteten wir einen Anbau. Jeder Stein ging in der spielfreien Zeit durch unsere Hände, wir schachteten Kabelgräben und planierten einen Hof. Als es ein Treffen mit Puppenspielern anderer Städte gab, pflanzte dort jeder ein Bäumchen. Während einer Tournee gruben wir am Waldesrand eine junge Lärche aus und setzten sie vor den Eingang des neuen Gebäudes, wo sie wie die anderen bald Fuß faßte.

Mitten hinein geraten in das Arbeiterwohngebiet, wo ich dann 32 Jahre ausharrte und sogar mit der Zeit eine gewisse Zuneigung zu meinem „Kiez" entwickelte, litt ich unter dem Heimweh nach der Schönheit meiner thüringischen Geburtsstadt Erfurt, nach dem Garten um das Haus und dem Wald nahebei.

Hier gab es den Rotehornpark, der mit der Buckauer Fähre zu erreichen war, wo sich die Menschen hinflüchteten aus den verletzten Steinmassen. Viele hielten sich dort auf, mit Kind und Kegel. Auch hier waren es vor allem die Bäume, zu denen ich mich hingezogen fühlte, die mit ihren Wurzeln tief in der Erde beheimatet waren, denen Unwetter und Stürme wenig ausmachen konnten, die nach der Winterkahlheit neues Grün aus sich heraus entfalteten und mit ihren Kronen Schwächeres unter sich behüteten. Wie gern legte ich den Kopf in den Nacken und blickte in die Blätterfülle hinauf!

Das reizvolle Elbufer mit seinen Erlen und den Wiesenflächen bot die Möglichkeit zum Laufen, Liegen, Lesen, Nachdenken. Ich beobachtete auch die Lastkähne auf ihrem Weg. Manche kamen aus der CSSR, man sah es an der Flagge; würden sie bis Hamburg fahren? Das war weiter als der Mond, weil unerreichbar.

Die Birke auf dem Dach gegenüber wuchs Jahr um Jahr ein Stückchen. Woher nahm sie die Kraft? Ihre Wurzeln hatten sich an der Dachpappe und den Steinen festgekrallt. Nach jedem Winter beobachtete ich ängstlich, ob sie ausschlagen würde. Eines Tages kletterte ein junger Mann, der das Mansarden-

Weiden an der Alten Elbe

zimmer bezogen hatte, auf das Vordach und riß die Birke aus, zog sie zu sich herein, um sie in einen Eimer zu stellen. Ich mußte hilflos mitansehen, wie meine Birkenfreundin starb.

Auf meinen Fensterbrettern lag täglich Ruß. Die Schornsteine der großen Werke, die sich von Buckau bis Südost erstreckten, schleuderten ihren Auswurf ungefiltert über die Wohngebiete. Ich setzte dem Grünpflanzen entgegen, später Kästen mit Pelargonien, die üppig auf der Sonnenseite blühten. Ein Gummibäumchen, das ich im ersten Jahr geschenkt bekam, reckte sich im Laufe der Zeit bis zur Decke, verzweigte sich raumgreifend seitwärts und trug Weihnachten geduldig elektrische Kerzen.

Wenn ich aus dem Bodenfenster meiner Behausung blickte, sah ich auf die Rückseite der Häuser der Warschauer Straße und eine Rasenfläche mit riesigen Platanen. Sie schlugen spät aus, hielten dafür ihr üppiges Laub länger. Im Winter erstreckten sich ihre Zweige wie glitzerndes Wunderflechtwerk vor den Häuserreihen.

Am Abend war während der warmen Jahreszeit stets der Gesang der Vögel zu hören. Einmal saß eine Amsel auf einer Antenne; die Sonne spiegelte sich in ihrem Auge, das wie Gold aufleuchtete. Auch Kuckucke gab's in den Anlagen, deren fröhliche Rufe im Frühsommer eine ganz andere Landschaft vor meinem inneren Auge entstehen ließen.

Vielleicht war ich immer auf der Suche nach lebendigen Hoffnungszeichen, nach Schönheit inmitten dieser grauen Stadt.

In meiner Nähe befanden sich überall Seiten- und Hinterhäuser, Anfang des Jahrhunderts als Arbeiterwohnungen erbaut, die auf kahle Höfe voller Unrat blickten, die kein Sonnenstrahl traf. „Mit einer Wohnung kann man einen Menschen erschlagen", hatte Karl Marx einmal formuliert. Ein böser Ausspruch kam mir zu Ohren. Die Stadt habe dreimal in der Vergangenheit ihr Gesicht verloren: Zum ersten Mal bei der Zerstörung durch Tilly während des Dreißigjährigen Krieges, zum zweiten Mal beim Bombenangriff im Januar 1945 und zum dritten Mal beim Wiederaufbau. Volkes Stimme urteilte hart aber zutreffend.

Ich weiß nicht, ob ich Zugang zu Magdeburg gefunden hätte ohne das Grün der Anlagen, ohne die Bäume, ohne die Kuckucksrufe im Frühjahr und den Gesang der Amseln, die schwatzenden Spatzen, die Mauersegler, die durch die Straßenzüge schossen und die vielen Tauben, auch wenn sie Simse und Dächer noch mehr verschmutzten.

Der Genesungsprozeß dauerte lange, die Rückkehr ins Leben war ein weiter Weg, an dessen Rand nicht nur Menschen standen, die Hände reichten, sondern auch Bäume, viele Bäume mit winkenden Zweigen.

1997

Hans-Joachim Krenzke
Ein Orpheus des real existierenden Wahnsinns

Mir mußte ein wahrhaftiger Schalk auf die Schulter gesprungen sein, als ich von der Lübecker- in die Ankerstraße einbog. Denn unvermittelt blieb ich vor einer mir entgegenkommenden älteren Frau stehen, um sie zu fragen: „Entschuldigen Sie, kennen Sie einen Richard Oelze?" Das, obwohl ich wußte, sehr genau sogar, daß derjenige, dessen Spuren ich suchte, seit Jahrzehnten nicht mehr hier wohnte. Um so verblüffter war ich, als die Angesprochene erwiderte: „Oelze. Oelze, warten Sie. Ja, der wohnt - glaube ich - in der Ankerstraße Numero 10." Da wurden die Falten auf ihrer Stirn noch tiefer und sie fügte hinzu: „Nein! Das Haus steht ja auch schon leer. Wohin die Oelzes gezogen sind - ich weiß es nicht."

Ich schritt die Ankerstraße weiter hinauf. Deren Häuser präsentierten sich, trotz des jungfräulichen Morgenlichts, im tristen Graubraun. Hier und da war der Putz geplatzt und bloßliegend schimmerte das Rot der Ziegelsteine hindurch. Zahlreiche Fensterscheiben waren eingeschlagen. Splitter steckten im Holzrahmen, wirkten wie riesige Gipskristalle und blitzten, von Sonnenstrahlen getroffen, urplötzlich auf. An den Bruchkanten flimmerten die Farben des Regenbogens. Aus mancher Fensterhöhle hingen Gardinen heraus, die sich bei jedem Luftzug gespensterhaft bewegten.

Eine surreale Straßenlandschaft, wie sie auch in Magdeburg immer mehr zur Realität wurde.

Eigenartig, dachte ich bei mir, daß gerade in dieser grotesken Häuserschlucht bis vor kurzem jemand gewohnt hat, der den Namen Oelze trug. Oelze - wie jener eigenwillige Maler hieß, von dem Paul Éluard gesagt haben soll, er sei der einzige richtige Surrealist. Und wer hätte es besser einzuschätzen vermocht, als der Freund von Max Ernst, Juan Miro, Pablo Picasso, Salvador Dali und Man Ray? Auch war Éluard der Ehemann der legendenumflorten Gala, bevor sie Dalis Muse, Modell und Gattin wurde.

Gerade von damaliger Traumfrau aber ward Richard Oelze in den Kreis der Künstler, die mit Hilfe der Psychoanalyse Menschen wie Gesellschaft zu durchschauen beabsichtigten, aufgenommen. Und das kam so: Die Propheten des surrealen Götterreiches stellten 1934 in Paris, an der Porte de Versailles, ihre neuen, kaum getrockneten Bildwelten aus. Eine Wand hatten die Maler - auf Anraten von Paul Éluard, der neben André Breton und Louis Aragon als Wortführer der literarischen Avantgarde geschätzt wurde - dem jungen Emigranten Richard Oelze überlassen, von dem es hieß, er habe Ende März 1933 mit dem letzten unkontrollierten Zug Deutschland verlassen, sei Schüler Ittens und Klees am Bauhaus gewesen, habe in Dresden Kontakt zu Dix gehabt. Oelzes Bilder waren zwar anders als die ihrigen, dennoch spürten sie, daß der Deutsche von denselben Problemen bedrängt wurde, wie sie. Und so kam es nicht von ungefähr, daß Gala auf Richard Oelze zuging, ihn umarmte und vor aller Augen küßte. Der emigrierte Maler sollte wissen, daß es am Ufer der Seine eine neue Heimat für ihn gab.

Alsbald war es wiederum Paul Éluards Urteil, das Folgen für Richard Oelze haben sollte. Gewaltige sogar. Denn kaum hatte der Poet einen Kunstreisenden aus Übersee auf die im Verborgenen blühenden Werke Richard Oelzes hingewiesen, schon suchte sich dieser zwei Gemälde aus und nahm sie mit über den Großen Teich. Im New Yorker Museum of Modern Art, in Philadelphia, Boston und San Francisco stellten Oelzes surrealen Landschaften unter Beweis, daß neben dem braunen, gleichgeschalteten noch ein anderes Deutschland existierte. Wenig später gab Richard Oelze, der der ersten Kunstsäuberungskampagne der Nationalsozialisten entkommen war, auf einer Leinwand jene Ängste preis, die ihn zunehmend bedrängten, wenn er die unheilvollen Wolken betrachtete, die sich über Europa verdichteten. Mit der Komposition „Erwartung" legte er den Grundstein für seinen stillen aber anhaltenden Weltruhm. Und besagtes Bild, das in der „Exposition Internationale du Surréalisme" in Paris und Amsterdam im Rampenlicht der Öffentlichkeit gehangen hatte, wurde zur Ikone der Moderne.

Erstmals hatte ich von Richard Oelze etwas 1987 - grenzüberschreitend - im ZDF vernommen. Zu diesem Zeitpunkt ehrte die Akademie der Künste zu Berlin/West Richard Oelze, den Orpheus des real existierenden Wahnsinns, dessen treueste Weggefährtin die Armut gewesen ist, mit einer Ausstellung. Als in der Sendung „Aspekte" der Nebensatz: „...der in Magdeburg geborene..." fiel, wurde ich unruhig. Umgehend suchte, blätterte, telefonierte ich. Fragte, fragte, fragte. Doch ohne jeden Erfolg.

Die surrealen Bilder des Malers Richard Oelze sind in der Ankerstraße - seiner Geburtsstraße - um 1980 zur Realität geworden.

Selbst im Museum erhielt ich als Antwort einzig ein Schulterzucken. In der DDR, die sich zunehmend von der Welt abschottete, war der Maler ein Unbekannter.

Schon schien es, als würde sich in puncto Oelze sogar die Dunkelheit noch verfinstern, da geschah ein Wunder. Der sich bis dato weiter und weiter verdichtende Vorhang öffnete sich. Licht fiel hindurch.

Meine Frau und ich waren mal wieder bei Johanna Höpfner. In Anlehnung des „Jour fixe" ihrer Jugend, hatte sie uns den Vorschlag unterbreitet, hin und wieder zum Frühstück zu ihr zu kommen.

Besagtes „Frühstück bei Johanna", wie wir es nannten, wurde schnell zu einer nicht missen zu wollenden Angelegenheit. Denn Johanna Höpfner, die so alt wie das Jahrhundert war und gern mit den Zahlen ihrer Geburt - 1.9.1900 - kokettierte, war im Fühlen und Denken jung geblieben. Und an jedem der verabredeten Vormittage, wenn wir uns auf den metallenen Bauhaus-

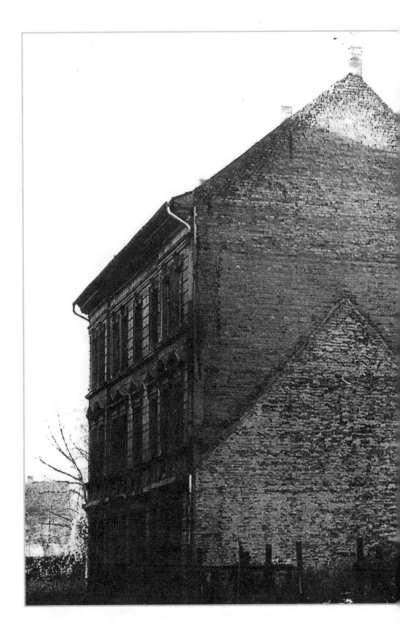

stühlen niederließen, warteten Bücher, Schriftstücke, Fotos und Grafiken darauf, in Augenschein genommen zu werden. So zog sich unser Frühstück regelmäßig bis zur Mittagszeit hin.

Nun, am Tage meines Wunders, blätterte ich im bereitgelegten Briefwechsel, den Johanna Höpfner vor Jahren mit dem Magdeburger Museum geführt hatte. Er beinhaltete den Versuch,

Nach 1988 zeigt nur noch ein steinerner Schatten in der Ankerstraße an, wo der berühmte Maler Richard Oelze am 29. Juni 1900 die Farben der Welt erblickt hat.

für den über 2000 Blatt umfassenden grafischen Nachlaß ihres Mannes einen würdigen Aufenthaltsort zu finden. Zu schlechter Letzt allerdings vereitelte ein NEIN den erhofften Einzug in den Magdeburger Musentempel. Dies, obwohl der phantasievolle Grafiker und Zeichenlehrer Wilhelm Höpfner in der Erinnerung seiner Schüler in zahlreichen Episoden bis auf den Tag weiterlebt.

Da gab es also in Magdeburg einen Künstler, dessen Lebenswerk vom Museum seiner Geburtsstadt verschmäht wurde. Und da gab es einen ebenfalls mit Elbewasser getauften Künstler, über den mir von den Mitarbeitern desselben Hauses keine Auskunft gegeben werden konnte. Vielleicht, schoß es mir mephistophelisch durch den Sinn, kannten sich der Verschmähte und der unbekannt Gebliebene? Und so sprach ich den Namen Richard Oelze aus. In „Zimmerlautstärke", mich dabei unbewußt an den Titel des auf dem Frühstückstisch liegenden Taschenbuches von Reiner Kunze haltend.

Johanna Höpfner schaute mich mit ihrem offenen, beinahe durchdringenden Blick an, ging zu einem der hüfthohen Bücherregale, die das Zimmer zu einer Hälfte umfaßten, griff zielsicher zu und zog einen schmalen Bildband hervor.

RICHARD OELZE stand auf ihm, in fetten, nicht zu übersehenden Lettern. Über der schwarzen Namenszeile aber schimmerten Farben - in zarten Mischtönen.

Wie Johanna Höpfner das Buch so in den Händen hielt, spürte ich, daß dieses eine magische Kraft auf mich auszuüben begann. Mir war zumute, als würde ich sogleich mit Hilfe eines Zauberspruchs in ein Geheimnis eingeweiht.

Richard Oelzes Bilder zogen mich, kaum daß ich sie gesehen hatte, tatsächlich in ihren Bann. All die nicht benennbaren Ängste, jene Irrwege durch das ureigene ICH, hatten hier Gestalt angenommen.

Allein die Titel „Wachsende Stille", „Wenn auch von anderer Schönheit", „Am Fluß der Klagen", „Im Spiegel einer Dämmerung", „Begrabene Erinnerung" oder „Vergangenheit, die noch immer atmet" bargen in sich eine Spur von Offenbarung. Sie bewirkten, daß ins Unterbewußtsein Abgedrängtes, Weggeschobenes, sich zu rekeln anhob.

Diese Bildzeilen kamen mir unwillkürlich in den Sinn, als ich erneut die Ankerstraße aufsuchte.

An einer Hausfassade war das Nummernschild noch nicht abhanden gekommen. Auf weißem Emaillegrund bildeten zwei kurze, schwarze Balken mit dem hinzugefügten Halbkreis eine 5. Die Tür, einst mit Kunstverstand gezimmert, bot indes Niemandem mehr Zutritt. Jemand hatte ungehobelte Bretter auf deren

Zierleisten genagelt. Die eisernen Stifte mit ihren breiten Köpfen, teilweise weit herausragend und krummgeschlagen, wirkten wie Maden. Und diese fraßen und fraßen, bis ihr Opfer ebenso widerstandslos zusammensackte, wie das Nachbarhaus - Ankerstraße Nummer 4. Hier war Richard Oelze am 29. Juni 1900 geboren worden. Und von hier aus war er in die Welt gezogen, um das Fürchten beherrschen zu lernen.

Ich kam zu spät. Die gefräßigen Maden hatten ihr Werk bereits vollbracht. Mit Wehmut betrachtete ich das Grundstück. Wo sich einst Ziegelsteine reihten, standen nun Holzpfosten, zwischen denen sich Maschendraht spannte. Hinter dem provisorischen Zaun lag Braunkohle und es sah aus, als krümmte ein Kater seinen Rücken. Räudig und altersschwach - unfähig zum Sprung. Begrabene Erinnerung...

Während ich auf die Stelle sah, auf der noch vor kurzem das Geburtshaus des „einzigen richtigen Surrealisten" gestanden hatte, bewirkte der Farbkontrast zwischen dem Schwarz des Kohlenbergs und dem Blau des sich über ihm weitenden Himmels, daß ich an das Zusammentreffen Oelzes mit Gala denken mußte. An jene Ausstellungseröffnung, auf welcher sie ihn umarmt und geküßt hatte. Weshalb sollten sie sich, dicht an dicht stehend, nicht in die Augen gesehen haben? Er in ihre schwarzen, sie in seine blauen.

Doch Richard Oelze ging nach Ascona. Allein, um dort den Monte Verita zu zeichnen. Gala blieb in Paris - bei Dali.

Waltraut Zachhuber · Giselher Quast
Anstiftung zur Gewaltlosigkeit

Nun kommt der 9. Oktober 1989. Am Vormittag läuft eine beispiellose, zentral von der SED-Stadtleitung gesteuerte Hetzkampagne in der Stadt. Telefonate kommen von früh an aus Betrieben, Universitäten, aus Schulen und von Bürgern aus ihren Wohnungen in den Dom: „In unserem Betrieb sind wir gewarnt worden, in den Dom zu gehen!" Man deutet an, es werde gefährlich werden. „Unser Direktor sagt", berichtet ein Schüler, „im Dom sammle sich die Konterrevolution, Herr Quast und Frau Zachhuber führen sie an, geht ja nicht dahin." Auch in der Universität wird gewarnt vor den Gefährdungen, in die sich der begebe, der zum Montagsgebet gehe. Über einen Betriebslautsprecher heißt es: „Heute abend wird Blut fließen. Die Domprediger werden verhaftet. Heute ziehen wir sie über den Tisch. Im Dom sind die reaktionärsten Kräfte der evangelischen Kirche. Jeder soll den Dom ab nachmittag weitläufig umgehen!" Kindern der ersten Klasse wird gesagt: „Wenn eure Eltern heute abend in den Dom gehen, werden sie verhaftet und ihr kommt ins Kinderheim." Wegen der vielen Anfragen geht Dompredigerin Zachhuber zur Polizei, um über die wirkliche Gefährdung klarere Auskunft zu erhalten. Oberstleutnant Heckenthaler, leitender Offizier der Kreisbehörde der Volkspolizei, läßt sich die Fragen danach vortragen und weiß darauf keine Antwort. Er verschwindet eine Weile, um nach einer Antwort zu fragen. Nach langer Wartezeit kommt er wieder und sagt: „Ich habe die Einschätzung, daß keine Waffen eingesetzt werden. Mir liegt kein Schießbefehl vor." Bis heute weiß keiner, ob diese Auskunft den Tatsachen entsprochen hat.

Am Nachmittag verhandeln die beiden Domprediger fieberhaft mit Dr. Nothe über Sicherheitsbedingungen für die Teilnehmer des „Gebetes um gesellschaftliche Erneuerung". Während in den Betrieben und in der Öffentlichkeit die SED-Stadtleitung und die Staatssicherheit die Aggressionen anheizen, werden im Rathaus folgende Sicherheitsvereinbarungen ausgehandelt:

1. Die Sicherheitskräfte werden unmittelbar um den Dom nicht präsent sein.

2. Die Sicherheitskräfte werden nicht eingreifen, wenn die Menschen friedlich nach Hause gehen. In Blick auf eine

Demonstration wird den Dompredigern deutlich gesagt, daß sie aufgelöst werden würde.

3. Für alle, die nach der Domveranstaltung sicher nach Hause kommen wollen, werden auf der Karl-Marx-Straße zehn Großraumzüge der Straßenbahn in alle Richtungen bereitstehen.

Dann kommt der Abend. Schon über eine Stunde vorher kommen viele Menschen. Sie kommen mit weichen Knien, gewiß, aber sie sind da. Auch eine große Gruppe von freiwilligen Helfern kommt. Es sind mehr als nur die, die zur „Beratergruppe Dom" gehören. Viele von ihnen stehen den ganzen Herbst hindurch zur Hilfe zur Verfügung. Immer mehr Menschen strömen in den Dom, viel mehr, als an den Montagen vorher. Viereinhalbtausend sitzen und stehen im Dom, im Domremter, im Kreuzgang, im Domgarten und auch vor den Eingängen.

Die Menschen, die an diesem 9. Oktober kommen, sind voller Angst. Keiner von ihnen weiß, ob er heil wieder heimkehren wird. Vom Dom aus sieht man keine Polizei oder Kampfgruppen. Sie haben sich tatsächlich zurückgehalten. So können sie nicht sofort gesehen werden. Insofern wird eingehalten, was Dr. Nothe in den Vorgesprächen zugesagt hatte. Der Dom wird nicht wie eine Festung belagert und umstellt. Nach den Ereignissen am 5. und 7. Oktober wäre das auch eine so schlimme Provokation gewesen, daß keiner die Folgen davon hätte einschätzen können. Aber nur, wer im Bereich des Domes ist, kann keine Sicherheitskräfte entdecken. Die vielen Menschen, die am Abend kamen, haben sie auf dem Herweg trotzdem gesehen, in der Bahnhofs- und der Materlikstraße und im weiteren Umkreis: Einer erzählt, er habe Kettenfahrzeuge im Schleinufer gesehen. Die Sicherheitskräfte stünden bereit und warteten. Ein anderer berichtet, rings um den Dom, in Schulen und öffentlichen Gebäuden, hätten sich die Kampfgruppen versammelt. Die zum Dom kommen, haben auf den Elbwiesen viele Lastkraftwagen gesehen, Bereitschaftspolizei, Polizisten und Kampfgruppen, die zusammenstanden, Wasserwerfer, gepanzerte Fahrzeuge mit aufgeschraubten Gittern und Schützenpanzerwagen. Andere erzählen, daß im Ernst-Grube-Stadion an diesem Abend das Flutlicht brenne, jedoch die Tore fest verschlossen seien. Offensichtlich ist auch da alles vorbereitet. Erst hinterher wird bekannt, daß zu den Sicherheitsvorkehrungen an diesem Abend auch gehört hat, daß junge Leute schon mittags zu Verhören bestellt worden waren. Einer berichtet später, daß er auf die Polizeistelle bestellt worden war „wegen Überprüfung eines Sachverhalts". Er

war bei den Auseinandersetzungen am 5. oder 7. Oktober schon einmal festgehalten worden. Auf der Dienststelle der Polizei gar nicht lange gefragt worden, sondern bald zusammen mit anderen auf Lastwagen in ein Lager außerhalb von Magdeburg gebracht

Gebet zur Erneuerung der Gesellschaft im Magdeburger Dom Herbst 1989

worden. Dort seien sie in einen bunkerähnlichen Raum gebracht worden, in dem Betten für viele Menschen gestanden hätten. Sie hätte ausgesehen wie eine Unterkunft für den Fall aller Fälle. Erst nach Mitternacht sei er zurückgebracht worden.

Im Dom ist eine äußerst gespannte Stimmung. Die Menschen wissen, daß heute abend viel auf dem Spiel steht. Und die Verantwortlichen wissen das natürlich erst recht. Drei junge Frauen haben das Gebet vorbereitet. Sie hatten ihre Bereitschaft dazu schon vor mehreren Wochen ausgesprochen. Damals war die politische Brisanz des 9. Oktober noch nicht abzusehen gewesen. Auch noch nicht die Größe der Veranstaltung. Jetzt liegt auf ihnen eine große Verantwortung. Kurz zuvor spricht Dompredigerin Zachhuber mit ihnen noch einmal den Text durch. Wie groß ihre Sorge um einen gewaltfreien Ablauf des Abends ist, zeigt sich auch daran, daß sie die Frauen bittet, eine Passage aus dem Text zu streichen. Später wird sie diese Ängstlichkeit nicht mehr begreifen. An diesem Abend lag ihr alles daran, daß trotz deutlicher und offen ausgesprochener Kritik die Emotionen nicht zu hoch geschaukelt würden.

Das Thema des Gebetes ist „Bleibet hier und wachet mit mir", ein Satz, den Jesus in einer für ihn sehr bedrohenden Situation zu seinen Freunden gesagt hat. Unbeschreiblich ist die große Stille und Hörbereitschaft der viereinhalbtausend Menschen im Dom und um den Dom herum. Viele sind es ja gar nicht gewohnt, einen Gottesdienst mitzuerleben. Aber es wird mit ganz großer Anteilnahme zugehört und mitgesungen.

Besonders bewegend sind die frei gesprochenen Gebete innerhalb des Gottesdienstes. Menschen breiten ihre Angst vor Gott aus, klagen ihm ihre Betroffenheit angesichts der brutalen Polizeieinsätze, bitten um Befreiung von der Last der Lüge und Verleumdung, um Erneuerung der ganzen Gesellschaft.

Später wird immer wieder besonders das Gebet eines Jungen zitiert werden. Er tritt an's Mikrofon und sagt: „Jetzt ist das eingetroffen, wovor ich mich immer gefürchtet habe. Mein Vater ist draußen bei den Kampfgruppen in der Gagarin-Schule mit einem Schlagstock verschanzt, und ich stehe hier im Dom und bete. Ich bitte Gott, daß nie wieder ein Vater seinem Sohn so gegenübersteht." Was er zu diesem Zeitpunkt nicht weiß, ist, daß sein Vater an diesem Abend die Annahme des Schlagstocks verweigert und sich statt dessen alle Taschen voll Verbandszeug stopft.

Viele der Teilnehmer sind hier keine Christen. Sie erleben wohl als Atheisten zum ersten Mal auf ganz existentielle Weise, was Gebet heißt und was Beten mit dem täglichen Leben zu tun haben kann. Auch von ihnen gehen viele während des Gebetsteils zum Mikrofon, um ihre Wünsche, Bitten, Hoffnungen und

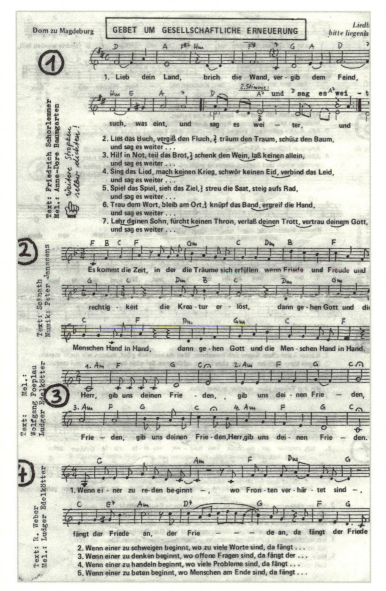

Montag für Montag wird im Herbst 1989 im Dom das Lied „Lieb dein Land" gesungen.

Klagen auszusprechen, wenn nicht vor Gott, dann doch in der Gemeinschaft dieser Menschen – „weltliches Gebet". Wie schon an jedem Abend endet das Montagsgebet auch diesmal mit dem Lied

„Lieb dein Land, brich die Wand,
trau dem Freund, such, was eint,
und sag es weiter."

Nach der Friedensandacht kommt die politische Diskussion. Sie wird eröffnet durch eine Information über den Gesprächsstand der Beratergruppe mit dem Rat der Stadt. Es wird darüber berichtet, daß ab 21 Uhr Straßenbahnen für die Heimfahrt bereitgestellt werden, und daß so Voraussetzungen vorhanden sind für einen friedlichen Abzug ohne Gewalt. Aber vor allem geht es bei dem Bericht über die inhaltlichen Fragen. Hat die Stadt die Herausforderung zum Dialog wirklich angenommen? Wie steht es mit der Möglichkeit, öffentliche Gespräche zu den von den Montagsteilnehmern genannten Themen? Gibt es das Angebot eines wirklichen politischen Dialogs? Kritisch wird angefragt, mit welchem Recht die „Beratergruppe Dom", mit welchem Recht die Domprediger Verhandlungsführer im Rathaus seien. Die kritischen Bürger melden sich zu Wort und wollen selber politische Gesprächsteilnehmer sein.

Hier zeigt sich, was auch in den kommenden Wochen in allen Vorbereitungen für die Montage immer wieder ein brennender Punkt werden wird: Auf der einen Seite stehen das Engagement der Kirche, der beiden Domprediger und der Beratergruppe, auf der anderen Seite wachsen die politischen Gruppen. Besonders das Neue Forum hat starken Zulauf. Und diese Gruppen möchten eigenständige Partner im politischen Dialog sein. Sie fürchten, von der Stadt gegen die kirchlichen Gesprächspartner ausgespielt zu werden. Gerade kirchliche Mitarbeiter in den Oppositionsgruppen sehen da sehr mißtrauisch auf die Pfarrer und die Kirche. Sie möchten sich nicht mehr vertreten lassen, sondern selbständig handeln und verhandeln.

In immer neuen Gesprächen wird es in Zukunft darum gehen, eine Ausgewogenheit und ein gemeinsames Handeln zu finden. An diesem Abend also die kritische Anfrage: Mit welchem Recht sprecht ihr für uns im Rathaus? Dompredigerin Zachhuber weist darauf hin, daß in der „Beratergruppe Dom" die demokratisch gewählte Leitung der Domgemeinde sitze. Deren Mandat sei für die Domprediger bindend. In der Aussprache kommen anklagende und klagende Beiträge über die Situation in den Betrieben und über die vielfachen Versuche, Menschen daran zu hindern, zum Dom zu gehen. Die Emotionen gehen hoch. Dennoch sind die Beiträge der Situation angemessen und ruhig. Es gibt zu keiner Zeit an den Mikrofonen die Angst, die Stimmung könnte umkippen. Eine große Bereitschaft zum Gespräch, zur friedlichen, gewaltfreien Auseinandersetzung über die politische Situation ist da. Eine heiße Diskussion entbrennt über die Frage des Dialogs. Ist den Stadtvätern zu trauen? Sind sie wirklich bereit zum Gespräch, oder halten sie uns nur hin? Einer ruft anklagend: „Hier in Magdeburg wollen wir mit den Stadtvätern sprechen, und in Dresden und Leipzig werden Menschen zusammengeprügelt!" Da ist es gut, daß die ersten Informationen über die „Gruppe der Zwanzig" in Dresden schon da sind:

Am Abend zuvor hatte es bei den Auseinandersetzungen auf der Prager Straße in Dresden zum ersten Mal ein friedliches Ende gegeben. Auch durch den Einsatz der Vertreter der evangelischen und der katholischen Kirche war die Polizei dazu bewegt worden, ihren Einsatz zu stoppen. Aus der Gruppe der Demonstranten waren zwanzig Vertreter gewählt worden, die zu einem Gespräch mit Oberbürgermeister Berghofer ins Rathaus abgesandt werden sollten. Und für einen der nächsten Tage war eine Zusammenkunft in der Kreuzkirche geplant, wo sie über die Ereignisse ihrer Gespräche berichten sollten. Es ist gut, daß am Abend des 9. Oktober, wo in Magdeburg noch nichts von Leipzig bekannt ist, wenigstens diese Nachricht aus Dresden da ist und gesagt werden kann: Auch in Dresden werden heute abend Demonstranten nicht von der Polizei zusammengeprügelt, sondern es finden Gespräche statt.

In der Aussprache spricht auch Pfarrer Hans-Jochen Tschiche für das Neue Forum. Seine Rede ist eine leidenschaftliche und umfassende Anklage der staatlichen Gewalt und der politischen Kräfte. Sie ist ein einziger Aufruf, die Unterdrückung, die Volksverdummung, die Lüge und Gewaltherrschaft nicht mehr länger hinzunehmen. Brausender Beifall tost durch den Dom, als er endet, und unterbricht ihn auch immer zwischendurch. Informationen über neue Initiativen und Gruppen bringen an diesem Abend besonders drei Gäste aus Berlin, Ulrike Poppe, Hansjürgen Fischbeck und Erhard Neubert. Sie informieren über „Demokratie Jetzt" und den „Demokratischen Aufbruch". Außerdem werden wieder Papiere verteilt, die Gründungserklärung des Demokratischen Aufbruchs und die Gründungserklärung der SPD.

Wichtigster Text an diesem Abend ist aber die „Erklärung aus dem Magdeburger Dom". Für sie werden Unterschriften gesammelt. Sie ist ein Wort der Betroffenheit über die „Vorgänge der letzten Tage", spricht aber auch von der Bereitschaft zu

Zaungäste ...

Gesprächen gegenüber der Stadt und von der Entschlossenheit, konsequent auf wirkliche Gespräche zu dringen. Tausende geben ihre Unterschrift unter die Erklärung aus dem Dom. Im Auftrag dieser Menschen wird in den nächsten Tagen die Aufforderung zum offenen Gespräch im Rathaus erneuert werden.

Die Diskussionen und die Informationen nehmen einen großen Raum ein. Der soll nicht beschnitten werden, aber auf der Straße warten die bereitgestellten Straßenbahnen und blockieren den Schienenweg. Mit einiger Verspätung kommt das Ende der Aussprache. Dann läßt sich die angstvolle Frage nicht mehr unterdrücken: Was wird sein, wenn sich jetzt die Tore des Domes öffnen? An dieser Stelle ist die Spannung und die Angst sehr groß. Domprediger Quast spricht die Zuversicht aus, daß jeder friedlich nach Hause kommen wird. Er gibt konkrete Hinweise zu einem gewaltfreien Abmarsch und zum Umgang mit eventuellen radikalisierenden Teilnehmern. Dann bittet er um Ruhe, um eine Minute der Stille, durch die die Kraft zu einem ruhigen und friedlichen Abzug beginnen könne. Man kann in diesem Augenblick unter viereinhalbtausend Menschen eine Stecknadel

Mittendrin ...

zu Boden fallen hören. Dann gehen die Portale auf, die Menschen gehen aus dem Dom. Mit zitternden Knien viele, aber ruhig und friedlich gehen sie zu den Straßenbahnen. In weniger als einer Dreiviertelstunde sind die letzten abgefahren. Ist das nun die Revolution gewesen? Es ist ganz sicher die friedliche Kraft der Gewaltlosigkeit: Die Menschen haben ihre Angst besiegt. Von da an gibt es kein Halten mehr...

Noch am selben Abend bespricht die Beratergruppe, erweitert durch Vertreter der neuen Initiativen, die nächsten Schritte. Das wichtigste ist nun, die Stadt dazu zu drängen, wirkliche Gespräche anzubieten, wirklich auf die geforderten Themen einzugehen. Darum soll die Erklärung aus dem Magdeburger Dom möglichst bald überreicht werden. Fieberhaft werden von der Stadt in der nächsten Zeit weitere Angebote überlegt. In mehreren Gesprächen berichtet Dr. Nothe von Möglichkeiten, das Gespräch mit den Bürgern in Gang zu bringen. Es ist von einem Haus der Demokratie die Rede, offen für alle Themen und Gespräche, auch von einer Bürgersprechstunde, in der jeder seine Beschwernisse vorbringen könne.

Bald liegen weitere „Gesprächsangebote" vor. Immer noch sind fast alle sowieso schon geplanten Bürgerforen auf kommunale Themen ausgerichtet. Die Forderungen der Dombesucher vom 2. Oktober finden sich darin nicht wieder. Heute mag manchen erstaunen, daß das in Blick auf die Weite der Themen sehr magere Angebot überhaupt angenommen wurde. Allerdings wurden fast alle Gesprächsforen dazu benutzt, die eigentlichen Themen anzusprechen. So war in dieser Zeit kaum ein Staatsfunktionär, der zu einem Gesprächsforum erschien, davor gewappnet, daß aus dem angebotenen Thema nicht gleich eine umfassende gesellschaftskritische Diskussion entstand. Aber das war ja auch dringend notwendig.

Ein wichtiger Berater und Begleiter um den 9. Oktober wurde der inzwischen verstorbene Magdeburger Propst i. R. Dr. Christoph Hinz. In einem Gespräch mit Domprediger Quast entwickelte er Gedanken, die er dann „den Schwestern und Brüdern am Dom" auch schriftlich in die Hand gibt. Er analysiert die Überlagerung der Erwartungen und Mandate bei den Domveranstaltungen, die praktisch zum Ersatz für sonst nicht gewährten politischen Freiraum geworden sind. Dabei, meint er, müsse die Kirche begreifen, daß sie nur eine Stellvertreterrolle spiele. Das Gebet gehöre seinem Wesen nach in die Kirche, das politische Gespräch aber in die Öffentlichkeit, die Demonstration auf die Straße. Je stärker die Kirche sich ihrer Stellvertreterrolle bewußt werde, desto mehr müsse sie den Staat zur Öffnung des politischen Dialogs drängen. Das wäre nun ihre Aufgabe. Daß die Kirche an der Seite der politisch Entrechteten und Entmündigten stehe, sei eine eindeutige Konsequenz aus der Parteilichkeit Christi für die Armen und Rechtlosen. Neben Propst Dr. Hinz unterstützt auch Bischof Dr. Demke nach Möglichkeit die „Beratergruppe Dom".

Altbischof Dr. Werner Krusche steht ebenfalls zu den Montagsgebeten. Am 10. Oktober berichtet er den Dompredigern, daß er zur Unterstützung der Arbeit einen Bericht über den 9. Oktober im Dom für die Zeitung „Der Neue Weg" geschrieben habe. Diese Zeitung ist bis in die Wende hinein eine Zeitung der CDU.

„Wir wollen doch einmal sehen, ob diese Zeitung die Courage hat, meinen Artikel zu veröffentlichen", sagt Krusche. Er möchte, daß dieser Artikel so veröffentlicht wird, wie er aufgeschrieben wurde.

Der „Neue Weg" hat diesen Bericht niemals veröffentlicht. Zuerst verhandelte der verantwortliche Lokalredakteur, Herr Heise, mit Manfred Gawlik, dem Bezirksvorsitzenden der CDU. Der kam zu Krusche, um ihn zu bewegen, seinen Text abzumildern. Aber auch in einer etwas abgewandelten Form wird der Text vom „Neuen Weg" nicht akzeptiert. Erst ein Jahr später sollte ein Auszug daraus in der „Magdeburger Allgemeinen Zeitung" erscheinen.

In der Woche nach dem 9. Oktober kommt Tag für Tag mehr ans Licht, was während des Montagsgebets nur in Bruchstücken bekannt gewesen war. Immer mehr Menschen berichten über die Gewalttaten des 5. und 7. Oktober. Jugendliche sind noch in Haft, die Sozialdiakonin Christiane Zachen und Dompredigerin Zachhuber verhandeln mit dem Staatsanwalt Studzinski um Freilassung und Rücknahme der Geldstrafen.

Der Schweigemarsch am 20. November 1989 führt in die Walther-Rathenau - Straße. Vor dem gespenstisch stillen Gebäude der Staatssicherheit werden brennende Kerzen aufgestellt.

Johanna Braun - Günter Braun
Magdeburger Herbst 1989

Als der Sturm auf die Bastille zum zweihundertsten Male gefeiert wurde, entwickelte sich im Osten Deutschlands eine Revolution, die auf Gewalt verzichtete. Daß Magdeburger an dem Jahrtausendereignis im Herbst 1989 teilgenommen haben, sollte nicht vergessen werden. Damals ist gelungen, was niemand für möglich gehalten hätte: eine schwerbewaffnete Macht und eine nahezu perfekte Überwachung zu paralysieren. Mit Kerzen und Gebeten und dem Geläut der Kirchenglocken. Friedrich Schillers Lied von der Glocke schildert die französische Revolution als Schreckensbeispiel. Als 1989 in Magdeburg die revolutionäre Situation sich zugespitzt hatte, mag manch einer, der mit der großen Menge zum Dom strömte und auf einem Schild den Ruf nach Freiheit, Gleichheit, Brüderlichkeit las, Lust verspürt haben, jemand von der Gegenseite, falls der sich mausig machen würde, beim Schlips zu packen und ihn womöglich zu verprügeln. Doch wie Historiker die Herbst-Ereignisse in Magdeburg einst nennen werden und schon heute nennen, Volksaufstand, Rebellion, Revolution oder schwächlich Wende: sie haben auf bisher einmalige Weise eine radikale Umwälzung der politischen und wirtschaftlichen Verhältnisse mit herbeigeführt.

Was war der 9. Oktober für ein Tag? Lag Herbstlaub in den feuchten Straßen? Schien die Luft bräunlich? Roch sie modrig? War das Wetter mild? Konnten wir fühlen, daß etwas Besonderes in der Luft lag? Welche Bilder entstanden, als sich gegen Mittag die Nachricht vom Schießbefehl verbreitete, vor den inneren Augen derjenigen Magdeburger, die sich abends zum Dom aufmachen wollten? Sahen sie Bilder blutig niedergeschlagener Aufstände vergangener Jahrzehnte? Fernsehbilder vom Massaker auf dem Platz des Himmlischen Friedens in Peking, das wenige Monate zuvor geschehen war? Wir erinnern uns an den Satz: ICH HABE ANGST. ABER ICH MUSS HIN. Und weil die Menschen sich untereinander ihre Angst eingestanden, schöpften sie Kraft und kehrten die Absicht der Oberen, durch drohenden Schießbefehl den Zug zum Dom zu vereiteln, ins Gegenteil. Schon in den Straßenbahnen, wenn von den dunklen Haltestellen sich immer mehr neue Zusteigende lösten, begann das Gefühl, zusammenzugehören.

Einander Unbekannte grüßten sich wie Freunde, gaben sich die Hände. Sie sahen sich an und wußten, wohin sie fuhren. Erwartungsvolles Erregtsein, fröhlicher Ernst, die Spannung, wie viele wohl kommen würden, ironische Fragen, wo wollen die vielen Leute so spät noch hin? und beim Aussteigen gegenüber dem Staatsbankgebäude spöttische Blicke auf „sichernde" Gestalten von Polizei und Stasi. Eine dunkle, unübersehbare, die Straßen füllende Menschenmasse, die eilig nachwachsend zum Dom hindrängte, und noch stärker als vorher das Gefühl, mit jedem Einzelnen verbunden zu sein. Ohne viel Worte strömten nun, je näher sie dem Dom kamen, desto weniger redend und schließlich fast stumm, nur fühlend, Magdeburgerinnen und Magdeburger jeden Alters durch die hier und da von einem Lampenschein erhellte Dunkelheit.

Einige erzählen heute, es habe, als sie sich langsam Körper an Körper durch den Kreuzgang des Domes schoben, der Mond geschienen, er habe ein schauerlich-romantisches Licht erzeugt. Es ließe sich nachschauen, ob er tatsächlich geschienen hat. Ob die Glocken besonders dumpf, besonders ernst, besonders schicksalsträchtig geklungen haben, bleibt dem Erinnerungsgefühl der Einzelnen überlassen. Alle aber wurden Zeugen und sogar handelnde Personen in klassischen moralischen Konflikten, die aus den alten Bühnendramen in die Wirklichkeit getreten waren. Der Sohn im Dom für die gesellschaftliche Erneuerung betend, der Vater in der nahen Gagarin-Schule als Kampfgruppenmitglied vor seinem Einsatz gegen die „Konterrevolutionäre". Sollte er auf den eigenen Sohn einschlagen? Wie stand es überhaupt mit dem Gehorsam, der Treue, die Polizei und Sicherheitskräfte dem Staat geschworen hatten. Durften die Eide noch gelten? Verrieten Parteimitglieder etwa ihre Genossen, wenn sie im Dom sich offen für politische Veränderungen aussprachen und die herrschenden Zustände anklagten? War ein beim Staat Beschäftigter pflichtvergessen, wenn er gegen ihn zeugte?

Entscheidend für das wachsende Selbstbewußtsein vieltausender Magdeburger war das gemeinsame Erlebnis: obwohl heute geschossen werden sollte, sind wir in größerer Zahl als sonst zum Dom gekommen. Der mutige Entschluß, nicht den Befehlen der Oberen, sondern dem eigenen Gewissen zu gehorchen und gegen waffenlose Mitbürger nicht gewaltsam vorzugehen, wog ebenso schwer.

Von dem Bewußtsein, sich nicht mehr gegen den eigenen Willen bestimmen zu lassen, gingen die folgenden Demonstrationen und die von Woche zu Woche sich steigernden revolutionären Forderungen aus.

Beim Forum für Presse- und Meinungsfreiheit am naßkalten 4. November vormittags auf dem Domplatz, als Magdeburger Künstlerverbände versuchten, in den Lauf der Geschichte einzugreifen, ließ sich bereits der unaufhaltsame Untergang des Staates erahnen. Möglicherweise wurde er hier beschleunigt.

Die Reden der Verbandsvertreter, gründliche Ausarbeitung, sprachliches Feilen war ihnen anzumerken, natürlich wurde Goethe zitiert, schienen über die Köpfe der auf dem Domplatz dicht an dicht Versammelten dahinzuziehen wie Schall und Rauch.

Nicht lange vorbereitete, freie, unbekannten Bürgern aus plötzlicher Eingebung gekommene Fragen taten die schöngefeilten Postulate ab, indem sie gar nicht auf sie eingingen. Sie stellten die anwesenden Oberhäupter, den ersten Bezirkssekretär, den Oberbürgermeister ohne Umschweife und ohne rückversichernde Floskeln zur Rede. Zum ersten Mal in ihrer Amtsgeschichte hörten sich Magdeburgs bis dahin unangefochten führende Männer in einer Sprache angeredet, die sie im Umgang mit ihren Untertanen nicht gewöhnt waren. Überraschend wurde deutsch mit ihnen gesprochen. Sie selbst aber verstanden sich nur in der deutschen Fremdsprache auszudrücken, dem bürokratischen Funktionärsjargon.

So fand am Domplatz ein Forum in drei Sprachen statt: in der wie Rauch hinziehenden Resolutionssprache, in der mit einem Mal wiedergefundenen natürlichen Sprache des Volkes, das an die Mikrofone trat, und in der hölzernen, nichtssagenden unsinnlichen Redeform der alten Herrschenden, die durch ihre Sprachunfähigkeit bloßgestellt, das unbarmherzige Lachen der Versammelten ernteten.

Ob vor dem neunundachtziger Herbst viele Magdeburger davon träumten, wie sie der Staatssicherheit ein Schnippchen schlagen, den Apparat lächerlich machen könnten, ob sie sich manchmal ausmalten, vor das Gebäude in der Walther-Rathenau-Straße zu ziehen, um ihre Stasi-Akten zu fordern?

Der nahezu stumme Kerzenzug den Gouvernementsberg hinunter und über das Schleinufer an der schwarz fließenden Elbe entlang, vorn der Laternenträger, glich einem Traum.

Schweigen war beschlossen, doch vor dem finsteren, festverschlossenen, totenstillen Bau konnte mancher nicht an sich halten. Vereinbart war, die Mappe mit den Forderungen dort schweigend vor die Tür zu legen. Der Sicherheit der „Sicherheit" zuliebe wurde auf persönliche Konfrontation verzichtet. Doch in der Phantasie manches Demonstranten hockte hinter jedem der dunklen Fenster und hinter jeder Tür ein vielleicht zitternder Beobachter, und aus den Fenstern des Studentenwohnheims gegenüber klang lautes Topfgeklapper. Einzelne Rufe, kommt raus ihr feigen Säcke, flogen gegen das totenstarre Haus. Jeder wollte nun „denen" wenigstens seine Kerze vor die Tür pflanzen, wo sie mit anderen zu einem ausgedehnten Wachsteppich zusammenfloß. Leise Enttäuschung, weil nicht einmal ein einziger Sicherheitsmann wenigstens eine winzige Klappe öffnete, die Nasenspitze heraussteckte, und keine Stimme sich hören ließ, mit der ein noch so kurzes Wortgefecht hätte aufgenommen werden können. Daß jemand im Haus war, schien niemand zu bezweifeln, wie es auch in Träumen eine Gewißheit gibt.

Die erste Magdeburger Demonstration ist unbeachtet von westlichen Medien durch die Stadt gezogen. Hat sie deswegen weniger stattgefunden? Längst nicht die überwiegende Zahl der Magdeburger nahm daran teil, nicht wenige schauten aus ihren Fenstern befremdet auf die Kerzenzüge herab, empfanden sie als störend, die frechen Losungen auf Transparenten und selbstgemalten Plakaten gar bedrohlich. Wohl kaum werden sie von Magdeburgs großen Tagen begeistert erzählen. Daß es sie gegeben hat, werden sie nicht leugnen können. Am Ende unseres grausamen, an Irrwegen und Verbrechen überreichen zwanzigsten Jahrhunderts hat es eine Sternstunde gegeben, wie sie nur einmal vorkommt. Magdeburg hat sie nicht verschlafen.

Zwar fragt heute mancher mit Bitterkeit, wozu bin ich damals eigentlich auf die Straße gegangen? Auf neue Ungerechtigkeiten weisend sagt er, dafür nicht! Einige beginnen, am Erfolg jenes Herbstes zu zweifeln. Was hat er uns gebracht? Welchen Sinn hatte er? Damals haben Menschen, die lange stumm waren, ihre eigene Sprache wiedergefunden. Nur für kurze Zeit? Eines Tages könnte der neunundachtziger Herbst wieder ganz nahe sein.

Wolf-Dietmar Stock
Ein Nachfahre Till Eulenspiegels

Seit die Grenze aufgemacht worden war, hatte mich mein Goldgräber-Instinkt in nahezu alle Möbel- sowie Stoffgeschäfte geführt, die es im Osten gab und ich hatte manche verheißungsvolle Geschäftsverbindung auftun können. Obwohl ich nicht wie Brillen-Fielmann Bananen und Apfelsinen in mein Repertoire aufnahm, sondern meinem Gewerbe treublieb, schäme ich mich etwas, diese Geschichte zu erzählen.

Noch aus der Zeit, als mein Vater Inhaber des Geschäfts gewesen war, lagerte bei uns eine solche Unmenge unverkäuflicher Stoffballen, die mich bei jeder Inventur geärgert hatte, aber ebensowenig wie mein Vater hatte ich mich durchringen können, sie wegzuschmeißen, denn ich hatte immer Großvaters Devise im Kopf: Nix wegschmeißen, es kommt alles wieder. Er sollte rechtbehalten. Diese Stoffballen stammten aus den sechziger Jahren. Mein Vater hatte sie als Restposten vom Großhandel gekauft, weil niemand mehr ihr Design ertragen konnte. Es waren ausdrucksvoll gemalte exotische Früchte darauf - Bananen, Apfelsinen und Ananasstauden. Bei uns gab es zu jener Zeit Südfrüchte schon so reichlich, daß dieses Muster nicht einmal mehr als Sitzkissen verkäuflich gewesen war, wofür mein Vater sie eigentlich vorgesehen hatte. Alle seine Verkaufsargumente, daß man sie dort kaum wahrnehme, hatten nichts „gefruchtet".

Diesen Stoff holte ich jetzt hervor, ließ mir daraus von unserer Schneiderin ein kurzärmeliges Oberhemd nähen und fuhr gen Osten. Ich brauchte nicht viel zu sagen, die Leute rissen mir den Stoff aus den Händen - gleich ob in den Konfektionsgeschäften oder auf Wochenmärkten oder in Großkantinen, wo ich ihn als Sitzkissen empfahl. Die Leute winkten ab: „Als Sitzkisssen? - Viel zu schade! Gardinenstoffe sind das! Wandgemälde!" Die Stoffballen wickelten sich nahezu von alleine ab.

Auf meinen Fischzügen durch Deutschlands Osten kam ich auch nach Magdeburg. Als ich beim Magistrat in meiner „oberaffengeilen" Bluse auftauchte, erhielt ich von einer grinsenden jungen Frau sogleich die Erlaubnis, auf dem Alten Markt einen Stand zu errichten. Allerdings sei nur noch ein einziger Platz frei, erklärte sie mir. Ich nahm ihn unbesehen.

117

Er lag direkt vor dem Brunnen Eulenspiegels, welcher seinen nackten Hintern zeigt und den Marktbesuchern suggerieren könnte, daß sie hier quasi ... na, sagen wir lieber: über's Ohr gehauen werden würden. Unter diesen Verdacht wollte sich jedoch keiner der seriösen Händler aus dem Westen begeben, welche Südfrüchte, Obst und Blumen zum doppelten Preis wie im Westen feilboten.

Ich war glücklich, in „Tills" Nähe zu sein, wie er in unserer Familie liebevoll genannt wurde, weil mein Großvater mütterlicherseits bei seiner Ahnenforschung bis ins frühe 14. Jahrhundert hinein auf eine Familie Uhlenspeegel in Mölln gestoßen war, die mit Stoff handelten wie fast alle unsere Vorfahren. Dies galt in unserer Familie als ausreichender Beweis, daß wir mit der berühmten Figur der Volksliteratur in direkter Linie verwandt sind.

Wie Till gelang es mir, - allerdings ohne auf den Rathausturm zu steigen und vorzugeben, wie ein Vogel fliegen zu können - viele Schaulustige anzuziehen - und das im ganz wörtlichen Sinne. Alle wollten ein Hemd haben wie ich - und innerhalb von eineinhalb Tagen verkaufte ich sechs Ballen.

Am Morgen des zweiten Tages stand ein nettes Paar um die Vierzig vor mir, stellte sich als Bettina und Helmut Karenke vor. Er sei Kulturjournalist, habe von meinem Verkaufserfolg gehört und fragte mich, ob ich etwas dagegen habe, wenn er von meinem Stand samt der bunten Stoffballen und dem Eulenspiegelbrunnen im Hintergrund ein Foto für einen Bildband über Magdeburg machen dürfe.

„Selbsverständlich nicht", sagte ich und gratulierte ihm zu seinem „Riecher", denn erstens sei gerade noch ein Ballen zum Fotografieren vorhanden, zweitens würde es ihm kaum so schnell noch einmal gelingen, einen echten Nachfahren des bekannten Schelmen zusammen mit dessen künstlerischer Darstellung auf's Bild zu bannen. Ich erklärte ihm, wieso ich ein Nachfahre Till Eulenspiegels sei. Mit solch einer Überraschung hatte er nicht gerechnet und ich merkte, wie sein Finger beim Druck auf den Auslöser förmlich zitterte. Ich bat um einen Fotoabzug, dessen Kosten ich gerne übernehmen würde. Wir tauschten unsere Adressen und ich erfuhr, daß Karenkes unweit vom Alten Markt am Breiten Weg wohnten.

Als ich mittags den Stand abbaute, kamen die beiden nochmals vorbei und luden mich ein, mit ihnen zu essen. Ich

Der Eulenspiegelbrunnen am Alten Markt

hatte die Ablehnung bereits auf der Zunge, weil ich mir vorgenommen hatte, noch am Nachmittag zu Hause zu sein, um Anne anzurufen, da übergab Herr Karenke mir sein Buch „Magdeburger Geschichten", die er gerade bei einem kleinen westdeutschen Verlag herausgegeben hatte, in der auch die Magdeburger Erlebnisse meines Urur...großvaters abgedruckt waren. Was für ein Zufall. Ich bat den Verfasser um ein Autogramm.

„Und wenn Sie möchten, führe ich Sie anschließend noch durch unsere Stadt." Kompletter konnte die Verführung nicht sein.

Es gab liebevoll gemachten Kartoffelsalat mit kleingeschnittenen Apfelsinen und Ananasstückchen und mit Speck umwickelte gebratene Bananen. Mit köstlichem roten Freyburger Sekt, seither meine Lieblingsmarke, stießen wir auf unsere Bekanntschaft an.

Die sechzehneckige Heilig-Grab-Kapelle im Dom birgt das Herrscherpaar Editha und Otto I.

Es war offensichtlich ein Festessen für die beiden, früher hatten sie reichlich zu essen, doch seit die Mieten um 400% gestiegen waren, sei Schmalhans Küchenmeister geworden.

Beim Blick aus dem Fenster des riesigen Plattenbaus sah ich weitere solche Architekturdenkmäler aus den sechziger Jahren, und meine Lust auf eine Stadtführung sank auf den Gefrierpunkt. Mein Gegenüber muß das gemerkt haben, als er mit leiser, geheimnisvoller Stimme begann: „Unter dem Schutt der im Krieg schlimmer als Dresden zerstörten und dann wieder aufgebauten Stadt ruht eine alte Kaiserstadt. Es sei noch vieles von ihr da, das sei alles nicht offensichtlich, es sei aber demjenigen sichtbar, der sich für Kunst und Kultur wirklich interessiere."

Wer läßt sich gerne nachsagen, daß er sich nicht für Kultur interessiert? (Ich mußte an Tills Geschichte denken, als er in Goslar Deckengemälde zeigte, die nur von Menschen wahrgenommen werden könnten, die Sinn für Kunst haben. Niemand wollte sich nachsagen lassen, keinen Sinn für Kunst zu haben, also schwärmten sie alle von den wunderschönen Farben und ausdrucksvollen Gesichtern, bis ein Kind bemerkte, es könne überhaupt nichts erkennen.)

Wir gingen zum Dom, der wie eine hochgewachsene ewigjunge Frau in zartgemustertem gotischen Kleid am Ende des riesigen gleichnamigen Platzes stand. Das gelbe Licht des Nachmittags fiel durch die Löcher in ihrer Spitzenbluse. Ehrfürchtig betraten wir das Kirchenschiff und ich fühlte mich sogleich wohl, weil hier alle Sprache von einem abfällt und man nur noch schauen, fühlen und staunen kann. Herr Karenke lenkte mich zu Otto und Editha, die im Dom seit 600 oder mehr Jahren unter einer märchenhaften Steinkuppel thronten, lebendig und unvergänglich wie ein etruskisches Bürgerehepaar. Ich war gerührt und unterdrückte Tränen ob der Schönheit von Editha, dann flüsterte ich, daß ich nach Hause müsse. Herr Karenke sagte, die Führung sei noch lange nicht zu Ende, er wolle mir noch die Barlachplastik, die Ostersäule, die Paulusfigur der Kanzel, die Schnitzereien am Chorgestühl, die Pietà, den romanischen und gotischen Kreuzgang, die Putzritzzeichnungen und vieles mehr zeigen, aber ich bedankte mich und bat um Verständnis, ich käme mal wieder, es würde sich lohnen, das wüßte ich schon jetzt, doch im Augenblick ginge es nicht mehr, ich sei unruhig, der Feierabendverkehr - Anne.

Im Auto liefen mir die unterdrückten Tränen herunter. Editha, unerreichbar auf dem erhabenen Thron neben König Otto sitzend, hatte Annes schmales Gesicht ... Schönheit in nicht berechenbaren parkzonen für immer tiefgrundverloren ...

Von der neuen Tankstelle aus vor der Autobahn-Ausfahrt rief ich bei Anne an und erzählte ihr von Magdeburg und daß ich ihr unbedingt Otto und Editha im Magdeburger Dom zeigen müsse. Ich habe noch nie etwas so Ergreifendes gesehen.

„Schön", sagte Anne, das könne ich gerne irgendwann einmal machen, aber im Augenblick müsse sie zum afrikanischen Tanz. Sie war kurz angebunden und legte vor mir auf. Das hatte wieder nichts gutes zu bedeuten. Oder war es nur, weil sie pünktlich zum Tanz wollte?

Ich kaufte mir an der Raststätte „Magdeburger Börde" einen Flachmann und ließ meine Gedanken um mich herum tanzen, schrieb auf, was sich in mir angestaut hatte, bis der Stau auf der Autobahn vorbei war, schwebte zwischen den Jahrhunderten von Otto, Editha, Till, Anne und mir hin und her wie ein Geist, der von einem afrikanischen Medizinmann durch einen Beschwörungstanz vertrieben werden soll, aber hartnäckig immer wieder kommt. Ich landete schließlich - ich weiß nicht wie - bei mir zu Hause, setzte mich an den Schreibtisch ... baumfeen mit windbesen kronkorkenziehender himmelstau im taftgrund werdender jahrhunderte zum zielpunkt von mc donald's zu anne jenseits von magdeburg ...

Dorothea Iser
Schattenriß

*I*n der Nacht kroch er aus ihrem Kopf und fiel in die schwarzen Löcher des Zimmers. Er brauchte Zeit für die erste Bewegung, so wie ein Mensch Zeit braucht für seinen ersten Schrei. Anfangs fürchtete sich Magda vor der Bewegung, mit der er die schwarzen Löcher zu einem Schattenmann zusammenzog. Dann gewöhnte sie sich an sein tiefes Schwarz. Es belebte die Nacht. Er kauerte neben dem Schrank. Mit fröhlichem Gesicht, schien ihr.

Sie richtete sich auf. Das fiel ihr schwer. Der Arm knickte ein. In die Schulter fuhr ein messerscharfer Schmerz. Kommt so der Tod, fragte sie sich. Aber sie glaubte nicht wirklich, daß sie sterben könnte. Gerade jetzt, wo sie nicht mehr allein war. Viele um sie herum waren gestorben. Leichtsinnig wie sie waren, verschwenderisch mit dem Leben und immer nur einsam.

Ihre Lippen mühten sich, für den Schattenmann einen Namen zu formen. Der Kopf hatte alle Namen schon vor langer Zeit verloren. Tag und Nacht waren nur Wechsel des Lichts.

Licht, Magda, das ist mehr hell als dunkel. Es weht dir Farben zu und verwischt sie wieder, es macht Sommertage mit einer hohen Stirn und wirft nicht nur lange Schatten. Tauch auf, Magda! Öffne die Augen! Mach dich frei!

Magda blinzelte dem Schattenmann zu.

Wer bist du, daß du mich ins Leben rufst?

Der Schattenmann bewegte sich mit ihrem Blick auf das Bild an der Wand zu. Dort bereitete sich der traurige Ritter auf seinen Kampf gegen die Windmühlen vor.

Heinrich?

Sie lauschte dem Namen nach. Heinrich, natürlich war es Heinrich, der endlich gekommen war. Der Name flog ihr mühelos mit den Bildern zu. Sie wußte nun, daß es der Maler war, der sich ihr zeigte. Du kommst spät, dachte sie vorwurfsvoll.

Es war einmal, so begannen ihr die Erinnerungen an Heinrich und trugen sie in Landschaften, die ihre Stadt umringten. Da gab es die stillen Feldraine unterm seidenblauen Himmel. Flügelräder, die im Wind himmelwärts rollten, ohne sich ihm zu nähern. Der Horizont umarmte verliebt das Land, das ihm unerreichbar blieb.

Nähe und Weite, sagte Heinrich... Alles ist eine Laune des Lichts, und wir gehören zu seinem Sonnen- und Schattenspiel.
Das glaubst du doch selber nicht, sagte Magda.
Eine Melodie durchströmte sie und wärmte das müde Herz.
Maienzeit, machst uns das Herz so weit...
Zwei Fahrräder, eine Decke und die Stimmen des Sommers. Wie zwei übermütige Kinder tanzten sie ins Land. Dabei waren sie schon schrecklich alt nach dem langen Krieg. Das Leben war ihnen geblieben.
Für eine kleine Weile noch, sagte Heinrich.
Das mußte er sagen, denn die Zeit eines einzelnen Menschen glich nur einem Augenblick. Heinrich aber lebte schon tausend Jahre in dieser Welt. Er fand sich in den ersten Höhlenzeichnungen und in dem Blau der Phönizier, den punischen Säulen und den römischen Kapitellen. Er liebte Farbpracht und schlichte Form. Tempel, Moscheen, Synagogen und Kathedralen zeugten vom Leben des Wesens Mensch und der Spiegelung des Lichts.
Magda entdeckte mit Heinrich versunkene Welten und sah Kommendes. In jeder Entdeckung erkannte sie ihn. Seine Stimme, seinen Atem, seine Wärme, seine Farben.
Sie hatten einen Sommer unterm Himmel und einen Winter in seinem Atelier. Er hungerte oft und fror und arbeitete schwer. Dem Dom seiner Stadt hatten die Luftangriffe Wunden gerissen, in die der Himmel mit seinen Wettern einfiel. Sie sollten sich wieder schließen, damit auch künftige Generationen sich in ihm und seiner Geschichte erkennen. Mit seinen Türmen würde er ungefährdet über die Stadt wachen und die Menschen mahnen, alles ist vergänglich.
Die Erinnerungen wurden ihr durchsichtig und schwebten davon wie dünne Wölkchen.
Erinnere mich, dachte Magda angstvoll und suchte den Schattenmann, als müßte sie ohne ihn wieder ins Vergessen sinken.
Warum kommt Heinrich als Schatten, dachte sie.
In der Ecke neben dem Schrank blieb es still. Sie ließ sich zurück in das Kissen sinken. Die Wohnung verließ sie seit langem nicht mehr. Zum Glück lebte sie über den Dächern der Stadt. Frei wie die Bergfinken, die hier nisteten. Wenn sie am Fenster stand, konnte sie südwärts über Himmel und Schlote sehen, westwärts schmiegte sich die Börde still an den Horizont. Der Alltagslärm blieb in den Straßen. Die Frau des Sohnes kam jeden

Tag zu ihr herauf. Sie wohnte mit Mann und Kind unter ihr, brachte ihr das Essen, seifte ihr den Rücken und kämmte das dünne Haar. Einmal in der Woche wischte sie die Zimmer durch. Wenn es nur bald wieder Arbeit gäbe, bezahlte Arbeit. Wenn sich die Frau ausgeklagt hatte, erzählte sie, was sich in der Stadt veränderte. Große Kinos wurden gebaut. Liebe und Tod in allen Sälen. Sie liebte die Geschichten von Sehnsucht und Glück. Manchmal redete die Frau auch von Krawallen auf den Straßen und daß sie sich fürchtete, die Cousine im anderen Stadtteil zu besuchen.

Die Frau hatte keinen Blick für das Wesentliche. Die Stadt zerfiel für sie in tausend kleine Worte, in Bewegungen, Klagen, Begegnungen und Bilderchen, die gar nichts sagten. Für Magda war die Stadt ein lebendiges Wesen. Es glich einem kräftigen Muskel, durchzogen von einem Strom und von Verkehrsadern. In ihm pulste das Leben. Jedes einzelne erschien ihr zufällig, unvorhersehbar und frei bestimmt durch den eigenen Willen zu sein und gehörte doch zu einem Ganzen, das dem Menschenwirrwarr eine Ordnung gab. So könnte das auch Heinrich sehen. Manchmal empfand sich Magda als Wächterin über diese Ordnung.

Nun war Heinrich gekommen. Sie hatte ihn sich herbeigewünscht. Sie konnte ihn zurück in das Leben hinter ihren Augenlidern nehmen, wo Zeiten und Orte, Hoffnungen und Träume verschmolzen. Sie alle hießen Heinrich. Viel zu früh wollte ihm das Herz nicht mehr schlagen. Sie spürt den Schmerz wieder, als der starke Mann neben ihr beim Treppensteigen zusammensinkt, und sie fühlt die Bewegung des Kindes, das sie trägt. Wir müssen leben. Ohne ihn. Den einen hat sie begraben, den anderen geboren. Wie ähnlich der Junge dem Vater sah. Fabian, so sollte das Kind heißen, wenn es ein Junge wird. Aber nur das Aussehen hat er vom Vater.

Heinrich ist ihr mit dem Sohn nicht zurückgekommen. Er empfindet nicht Farben, nicht Licht, noch Schatten wie ein Wunder. Er vergeudet sich mit tagtäglicher Sorge um sein Weiterkommen.

Du machst Vater zu einem Heiligen, hatte er ihr vorgeworfen.

Seine Stimme drang in sie ein. Sie wollte ihr das Leben abschalten und sie in die helle Öde setzen, die sie Gegenwart nennen.

Du hast geträumt!

Magdeburgs Stadtsilhouette, vom Werder aus gesehen

Warum war er wirklich gekommen. Er störte. Die Nacht gehörte ihr. Es war doch Nacht? Sie hielt die Augen geschlossen. Jawohl, ich habe Heinrich wiedergeboren. Aber nicht in dir. Sieh dich nur um, du kannst ihn nicht finden. Er ist ein Schattenmann, den mir das Licht schickt. Aber du verstopfst ja ängstlich deine Sinne aus Furcht, es könnte dir aufgehen, was du versäumst.

Hat sie ihre Tabletten nicht genommen?

Die grelle Frauenstimme zerschnitt Magdas Willen, mit dem sie sich an Heinrich hielt.

Heinrich! Sie rief laut nach ihm.

Die Frau stand immer noch in der Tür, zog die Schultern hoch und rieb sich die Oberarme. Sie wird sagen, bring deine Mutter endlich in ein Heim. Wir können nicht Tag und Nacht bei ihr wachen.

Heinrich war hier, flüsterte Magda. Sie verschwendete den Atem nur widerwillig. Sie spürte die zweifelnden Blicke, die sie sich zuwarfen.

Magda drückte die Lippen fest gegeneinander. Ihr Dummköpfe, dachte sie. Damit ihr es wißt, ich sterbe nicht.

Komm endlich, sie versteht es doch nicht, sagte die Frau und verlor ihre Gestalt. Das Licht kam vom Korridor her ungehindert in das Zimmer und hatte die Frau aufgelöst. Die Bilder rutschten Magda weg und fielen in monotones Rauschen.

Brauchst du deine Tropfen, fragte die Frau. Gegen dein Rauschen, schrie sie ihr ins Ohr, aus Angst, nicht verstanden zu werden.

Kann ich was für dich tun, fragte der Sohn. Ich meine, fehlt dir etwas?

Magda drehte sich weg.

Natürlich fehlt mir etwas, dachte sie. Aber du kannst es mir nicht geben. Du kannst nicht mal die Reihenfolge deiner Sätze ändern. Woche für Woche, Tag für Tag muß ich sie mir anhören. Dabei willst du nur schnell in deinen Sessel zurück, dich beflimmern lassen. Als könnte jemals etwas Neues aus diesem Kasten kommen. Alles Leid, alle Freud sind schon gelebt worden. Dein Vater wußte das. Er fehlte mir entsetzlich lange schon. Jetzt ist er da.

Er ist längst tot, rief die Frau mit schriller Stimme. Gedämpftes Weinen folgte. Warum quält sie uns so. Wir tun doch alles für sie.

Magda lag getroffen in ihren Kissen.

Bist du verrückt? fauchte der Sohn. Mit leiser Stimme wandte er sich tröstend der Mutter zu. Magda blinzelte. Die junge Frauengestalt war wieder sichtbar geworden, aber sie verdiente nicht, daß man sie sah.

Magda öffnete die Augen weit und wartete auf Heinrich. Er sollte ihr entschlüpfen, in die schwarzen Löcher fallen, um wieder ein Körper zu werden. Sie fühlte die fremde Bewegung. Vor Freude möchte sie reden, am liebsten alles auf einmal aus sich herausschütten. Ich wäre damals gerne mit dir aus der Welt gegangen. Aber der Junge. Er wollte nicht werden, wie wir ihn uns vorgestellt haben. Ein Kind des Lichts. Dabei habe ich alles versucht. Ich habe ihm Farben geschenkt und nicht mit Papier gespart. Ich habe ihm Geschichten erfunden und sie mit ihm malen wollen. Er hatte keine Geduld. Er wollte immer nur raus zu seinen langweiligen Freunden. Ja, ich habe ihn auch bestraft. Was sollte ich machen. Wen hätte ich fragen können?

Der Schatten hob den Kopf. Auch er war einsam.

Magda schlug die Decke zurück, damit er sich zu ihr legen könnte. Er zögerte. Sie spürte die Kälte nicht. Morgen gehen wir beide in die Stadt, dachte sie froh. Wir schlendern wie früher vom Alten Markt in Richtung Kloster. Der Dom überragt wie einst die Stadt. Über den Fürstenwall weht Klaviermusik aus der Musikschule. Im Palais spielt das Licht mit seinen Farben. Das Palais, Heinrich, sie haben es wieder hergerichtet, prunkvoll, natürlich. Viel zu prunkvoll fürs Regieren. Die Windmühlen haben Konjunktur, wie die Ritter, die die wirklich nötigen Kämpfe nicht führen.

Magda lauschte ihren eigenen Gedanken nach, bis die gefürchtete Frage sie aufschreckte: Warum haßt mich mein Sohn?

Magda streckte die Hände nach dem Schatten aus.

Du hättest ihn lieben müssen.

Sie richtete sich auf, schob vorsichtig die Beine über die Bettkante.

Weil ich ihn liebte, mußte ich streng zu ihm sein. Ich habe ihn gefordert, weil ich dich liebe.

Dem Schattenmann wuchs ein Schnabel. Er hackte auf sie ein und forderte:

Ich will meinen Sohn!

Magdas Herz wurde körpergroß und spannte die Haut.

Der Schattenmann blähte sich auf. Da erst begriff Magda ihren Irrtum. Der Tod nistete in ihrem Zimmer. Sie selbst hatte ihn gerufen. Wenn sie die Augen schloß, rutschte er ihr hinter die Lider und beherrschte sie.

Du bekommst ihn nicht, sagte sie erschöpft.

Ich will wach bleiben, dachte sie. Ich muß den Jungen warnen. Warum ist er nicht hier? Sie rollte den Kopf. Nicht die Augen schließen. Sie schaltete den Fernseher ein. Gleich wird Heinrich erscheinen und den unheimlichen Schatten verjagen. Das Rauschen stürzte aus dem Bildschirm ins Zimmer. Es drang in sie ein und nahm ihr den Atem. Sie tastete nach ihren Krücken und schlug um sich. Der Schatten stemmte sich gegen die Decke. Sie wird aufreißen und steinern herabschlagen. Lauf weg, Fabian, lauf!

Tot? fragte die Frau verschlafen.

Der Sohn trat dicht an das Bett heran. Es kam ihm so vor, als bewegten sich die Lippen noch. Er las von ihnen drei Worte ab, die er sich in den letzten Jahren sehr gewünscht hatte. Verzeih mir, Junge! Die Handrücken legte er auf die welken Wangen. Trauer und Freude zugleich füllten ihn. Verzeih mir, verzeih mir. Diese Worte schienen sich unaufhörlich zu wiederholen. Die Mutter nahm ihn endlich wieder an. Er wischte sich über die feuchten Augen. Ja, ich verzeihe dir, dachte er.

Und da verstand er, was sie wirklich mit letzter Anstrengung hauchte. Heinrich, hilf mir, Heinrich hilf.

Ich bin Fabian. Er erschrak vor seiner Verzweiflung.

Tot, dachte er irgendwann. Dabei hat sie immer widerstanden. Er trat ans Fenster. Von hier aus sah man über die Stadt. Im Morgenlicht hinter der Elbe löste sie sich aus der nächtlichen Umarmung des Horizonts.

Heinz Kruschel
Korakel

Rot und schwarz sind die Zeichen des Krieges, sagt Korakel, grün und weiß die des Friedens. Grüne Zweige und weiße Federn gelten in der Heimat ihrer Vorfahren als unantastbar. Und alles auf Erden zerfällt in zwei Klassen, sagt Korakel, in eine heilige und in eine gemeine.

Ich kann ihr stundenlang zuhören. Nie wird von ihr die Eigenschaft ihrer Ahnen abfallen, sagt Korakel. So umständlich drückt sie sich manchmal aus, dabei lebt ihre Familie schon lange nicht mehr auf der Insel der Maoris, weit weg von hier. Ein Urahn muß vor vielen Generationen von James Cook nach Europa gebracht worden sein.

Korakel ist das schönste, sanfteste und seltsamste Mädchen, das ich kenne. Sie strahlt Sex aus, aber ich glaube, das weiß sie gar nicht.

In Deutschland wurde sie geboren, und Deutschland hat sie noch nie verlassen, und trotzdem kennt sie ihr Volk so verdammt gut. Der wirksamste Friedensgruß sei das gegenseitige Nasenreiben, sagt sie. Und ein Tabu muß immer respektiert werden: einen Menschen darf man nie beschädigen.

Nun ist unser Geheimnis an einem Tag, innerhalb einer knappen halben Stunde, aufgebrochen worden. Nun sind die Polizisten da und taxieren dieses Mädchen in ihren Sandalen aus Hibiskusbast. Korakel hat ihren Leib in ein Tuch aus glänzendem Stoff geschlagen und trägt die runden braunen Schultern frei.

Ich hasse diese geilen Blicke der Bullen. Die wollen wissen, wie und wer es gewesen ist. Da liegt die Tür auf der Erde. Da fiept die Ratte, weil sie verletzt ist.

Aber das interessiert sie nicht.

Wir erzählen alles noch einmal, und Korakel sagt: „Solche Menschen wie die vertilgen ihr eigenes Dasein."

„Kennt ihr die Gruppe, die das gemacht hat?"

Einer der Polizisten kommt aus dem Klo und zuckt mit den Schultern, alles klar. „Nichts vollgeschissen", sagt er grinsend, „keine Spritze, kein Stoff."

Ich sage, daß ich die Gruppe nicht kenne und sehe Korakel dabei an. Das Mädchen verschränkt seine Arme kreuzweise auf dem Rücken, die Geste bedeutet, bitte schweigen, aber sie läßt auch Korakels pralle Brüste hervortreten. Sie starren sie an.

So brutal geht im Kiez nur eine Gruppe vor.

Wir wissen mehr, als wir denen sagen werden. Bloß cool bleiben!

Korakel zieht ihr bekanntes Spiel ab. Nixverstehen. Ihre großen braunen Augen brennen die Bullen ab. Ihre Haut schimmert wie Zartbitter von Lind. Wenn sie ihren Ausweis verlangten, würden sie sehen, daß sie in Berlin geboren ist und natürlich alles versteht. Die Polizei soll gehen und uns in Ruhe lassen. Sie soll nicht erfahren, daß Korakel ausgerechnet aus dieser Gruppe gekommen ist. Die Bomber hatten sie aufgenommen, als sie nicht mehr wußte, wohin sie gehen sollte. Sie ist ihnen bald davongelaufen und wohnt bei mir. Aber die Polizei wird meine Eltern besuchen, in dieser Stadt kennt man den Namen unserer Familie.

Ich gebe zu, daß ich der erste bin, der aus der Art geschlagen ist. So denken sie doch. So werden alle denken, an erster Stelle mein Großvater. Der hat in den sechziger Jahren seinen Doktor gebaut, ohne je das Abitur oder die mittlere Reife gemacht zu haben. Ich habe immer reichlich Zuwendung gehabt.

Darum geht es nicht.

Die Tür werden wir reparieren lassen. Korakel kennt einen Kumpel, der in dem Pub verkehrt, wo sie serviert, der ist Tischler von Beruf. Die Polizisten sehen zu, wie sie die Ratte vorsichtig aufnimmt und untersucht. Sie sehen sich vielsagend an. Blicke können sprechen. Daß die Bomber so weit gehen werden, hätten wir nicht gedacht.

Als sie mit den Fäusten gegen die Tür schlugen, sagte ich noch, nur Ruhe, die verziehen sich gleich wieder. Oh shit, dann kam das Geräusch, wie von einer fliegenden Kreissäge, die durch den Raum rotiert. Korakel griff nach ihrer Waffe, dem Pfeffercolt. Es gab nur noch dieses Kreischen, das unsere Köpfe sprengte. Die Ratte sprang von Korakels Arm und flüchtete, das Kreischen war selbst ihr zu laut. Und dann sahen wir das Sägeblatt. Es war, als käme es auf uns zu. Es schnitt und riß die dicke Türfüllung heraus, daß sie ins Zimmer krachte. Die Ratte kroch verschreckt unter dem Holz hervor.

Jetzt kommen sie rein, dachte ich noch. Sie hätten es bequem tun können. Aber sie kamen nicht, und Korakel konnte ihre Pfefferspritze wegstecken. Die Bomber bellten ihr 'Sieg Heil' und 'German are the best!'. Es waren tatsächlich die Bomber. Korakel kennt sogar ihre Namen. Wir werden sie nicht nennen.

Dann die Fragen: „Bist du der Sohn von Herrn Doktor Eisen?"

Diese verdammte Familie. Ja, ich bin der Sohn von Doktor Eisen. Ja, ich bin der Enkel von dem alten Doktor Eisen. Ja, ich bin der Neffe von einem anderen Doktor Eisen. In unserer Familie werden Doktoren regelrecht gezüchtet. Ein Naturwissenschaftler, der alle Strudelwürmer kennt. Ein Gynäkologe, dessen Praxis phantastisch geht. Ein Chemiker, der an der Uni als Privatdozent lehrt.

Ich wäre der vierte lebende Doktor Eisen gewesen.

„Was setzt du bloß alles aufs Spiel, Junge?"

„Was denn? Trautes Heim, ja? Ich lebe hier gut und fühle mich wohl. Es ist mein Leben."

Diese Blicke. Sie ziehen Korakel aus. „Ja, mit ihr. Mit diesem Mädchen fühle ich mich wohl. Wir gehören zusammen."

„Deine Sache."

„Genau, das ist meine Sache."

„Kurz vor dem Abi schmeißt du die Schule, rennst weg, verkriechst dich in dieser Bruchbude, willst nicht mehr lernen, willst nicht arbeiten, deine Zukunft, dir ging es immer gut..."

Meine Zukunft, die war schon voll programmiert, Studium, den Doktor machen, die Tradition fortsetzen, diesmal muß ein Eisen aber auch Professor werden, Alexander, und denk mal an, vor hundert Jahren waren unsere Vorfahren noch Analphabeten gewesen. Ich denke: Aber die waren vielleicht ganz glücklich. Ich bin es in diesem Unterstand hier auch, zusammen mit Korakel. Mein Vater hatte alles geregelt, totale Überwachung, von Testat zu Testat gab es Kontrollen, Auflagen, die Losung: Du mußt. Elite sein. Leistung. Und Korakels Vorfahren? Ich weiß, was ihr denkt, sie ist am ganzen Körper so braun und hat auch auf dem Bauch Tätowierungen, die ganze Geschichten erzählen, also müssen ihre Vorfahren ja wohl Kannibalen gewesen sein. War auch so ähnlich.

Ihr Vater hat in Berlin Pferde aus Blech für diese alten Kinderkarussells gebaut. Aber das wollen sie gar nicht wissen.

Von draußen scheint ein runder Mond ins Zimmer. Der Mond sei eigentlich weiblich, sagt Korakel, leben und sterben und gebären. Ich verstehe das nicht. Frau Mond, das klingt nicht schlecht. Die Bomber behaupten, Korakel hätte ihnen die Krätze gebracht.

Ich weiß, daß ich für die Polizei interessant bin, na klar. Wie

Graffiti: Schmiererei oder Anklage?

konnte das passieren. Von heute auf morgen steigt der aus. Stimmt nicht. Man hätte merken können, daß ich nicht machte, was von mir verlangt wurde, daß ich in der Straßenbahn rauchte, während der Fahrer fauchte, daß ich die Penne schwänzte, daß ich Vater auslachte, als er sagte, pariere, solange du deine Füße unter meinen Tisch steckst. Sie werden wissen, daß ich in dem

Pub zusammen mit Korakel arbeite. Nun hofft die Familie, daß ich mich bei den Zivis ändern werde. Ich solle wenigstens regelmäßig meine Wäsche nach Hause bringen, die würde Mutter trotzdem machen. Aber es wäre viel besser, sie würde auch von dieser Familie Eisen weggehen, und die Wäsche, die mache ich mit Korakel zusammen. Korakel, Korakel, ihr wißt nicht, daß das Wort 'die schlanke Schöne' bedeutet. Ich möchte, daß sie heute noch sagt: Sei mal wieder ein Tropfen auf meinem heißen Bein und knete mich durch. That's great! Ich brauche Korakel. Ich weiß ja, Sex vergeht, Not besteht, von wegen, das ist ein Spruch der Pfarrer und Schwiegermütter.

Mit roter und schwarzer Farbe haben die Bomber ihre Zeichen draußen auf die Flurwände gesprüht. Rot und schwarz sind die Farben des Krieges, sagt Korakel, aber mir gefallen diese Farben, doch andere Länder, andere Sitten.

Groß wird eines Tages die Trauer hierzulande sein, sagt Korakel, und die Sonne wird sich nur noch in einer Höhle verkriechen können.

Wir heben die Türfüllung auf und suchen die Splitter zusammen auf, und Korakel mißt mit dem Bandmaß die Größe und Breite ab und singt dabei, melodisch und schön: „Dies, Alexander, ist mein Lied an dich. Ich bin Korakel, groß ist meine Liebe, Mann, fang' doch an, ich freue mich, und ich bin da für dich."

Sie blickt auf, ihr Gesicht ist wieder ganz weich geworden. Dieses Mädchen möchte ich nicht verlieren. Indem ich so denke, verletze ich schon meine Vorsätze, denn ich will nur für den Tag denken, nur für einen einzigen Tag, nur für eine einzige Nacht, und nicht an morgen. Korakel sagt, daß die Bomber dabei sind, sogar ihre Namen zu versenken.

Noch ist das Bangen klein im Land, sage ich, noch ist das Land 'on the top of the world', und warum sollen wir eigentlich an morgen denken.

Nasenreiben, schön ist der Brauch.

Torsten Olle und Holm Meyer
Dreizehn Stunden

Frei! Frei! Frei! Der oberste Rat hat entschieden, meinem Antrag stattgegeben.

Dreizehn Stunden Erdenurlaub - in der Stadt meiner Geburt. Entkommen dem Gezänk um das bedeutendere Lebenswerk und der Streiterei, wer denn nun die lieblichere Muse beglückt in der vergangenen Nacht und am meisten gebechert habe.

Welche Strafe könnte gottloser sein, als all die Federfuchser zusammenzupferchen im Olymp der Dichter? Ein Irrenhaus.

Wie toll gebärden sich die jungen Wilden, deren Ruhm im frühen Tod besteht. Doch fast jeder, mit dem ich herunten fleißig Briefe wechselte, geht mir daroben aus dem Wege. Tieck und Grabbe. Selbst für meinen Waffenbruder Heine bin ich Luft. Betäubt mit Wein, Weib, Gesang. Allesamt!

Ich solle nun endlich Ruhe geben, mahnte Erzengel Gabriel auf der letzten Sitzung der Zwecklosen Gesellschaft, sonst müsse man mich zu den Journalisten abschieben. Und ich wisse ja, was auf Wolke 0815 Sache sei.

Ach, dreizehn Stunden sind gar zu wenig nach so langer Zeit.

Da blinkt schon der Fluß. Die Türme, die Kirchen. Mir ist, als fehlte manch Gotteshaus. Der Dom aber steht, majestätisch und ein Labsal den Augen, von der ruhelosen Seele ganz zu schweigen.

Endlich das Kloster. Mein Kloster. Hier will ich Station machen. Was hab ich gefroren auf den harten Holzbänken, wenn der eklige Münnich dozierte. Daß auch die Rechnerei mein Herzblut brauche, nicht nur das Gestübere in den Büchern.

Die Gegend ist fremd. Bloß das alte Gemäuer blickt mich an, als entsinne es sich meiner. Und irgendwo hier bin ich geboren, heute vor zweihundert Jahren. Sakrament, was ein Wunder, könnte ich nur den Spaziergängern davon sprechen.

Dort auf dem Straßenschild steht: Große Klosterstraße. Da an den Hang schmiegte sich wohl die Nummer 18.

Ja, ihr Leute, schaut, nicht auf den schäbigen, zerschlissenen Gehrock, seht mir in die Augen. Ich bin es - Carl Leberecht Immermann.

Der Wind schneidet scharf am Gesichte vorbei. Ich will eine Schenke suchen und ausruhen von meinem Leben, das so lange schon dahin.

Wie halten sie das nur aus, das flimmernde Gelichter vor Augen den ganzen Tag? Wollen sie damit der Dunkelheit in ihren Schädeln entfliehen? Überall Lampen. Seltsamer Name für eine Schenke, „Chez Katrin".

Frau Wirtin, ein Maß Bier! Das Geld wird reichen, hoff' ich, das mir beigegeben.

Was für ein Bier? Diamant, Krombacher, Faxe?

Ha, Faxe, das bringen Sie! - Nur Hirngespinste, nichts als Faxen im Kopf. Ja, Vater, vielleicht hattest du Recht.

Danke!

Faxe, das königliche Bier aus Dänemark! Ich kannte mal eine Prinzessin, die von dort kam. Gut kannt' ich sie. Ihr letzter Brief an mich, er knistert in meinem Rock seit mehr als hundertfünfzig Jahren, da, wo mein Herz schlägt, besser: schlug ... Heute, denk ich, ist der rechte Tag zum Lesen.

13. October 1839

Mein bester Carl, Geliebter,

heiß vor Wut wird mir bei dem Gedanken, daß fortan Du an Mariannens Busen ruhst, wann immer Dir danach zumute ist.

Schuld freilich bin ich selbst mit meiner Torheit, Dein oftmaliges Angebot ausgeschlagen zu haben. Statt des Gefasels über Standesschranken hätt' besser ich mein Dünkel aufgeben und Ja sagen sollen zu Dir, folgest Du mir doch, Gütiger, weiland Richtung Sonnenuntergang, Deine Heimat verlassend, den stolzen Dom, das Liebfrauenkloster, die engen Gassen ringsum ...

Geschwätz, Elisen, alles blankes Geschwätz! Klar, drängte ich Dich seit Deiner Scheidung von Seiner königlich-adolfschen Generalität und unserem beginnenden Zusammenleben zur Hochzeit; bloß, so altehrwürdig, wie du Magdeburg jetzt malst, zeigte es sich dato schon längst nicht mehr. Die argwöhnenden Blicke der Nachbarn, wenn sie, was kaum zu vermeiden war, meinen Weg kreuzten, ihr Tuscheln hinter streng vorgehaltener Hand. Ob hochgnädige Frau Gräfin denn keinen anderen kriegen

Portraitbüste von Carl Leberecht Immermann am gleichnamigen Brunnen in der Danzstraße

möchte als ausgerechnet nun den Leberecht, der recht zu leben in ihren Augen wenig verstünde. Zudem nachtens irgendwelches Literaturzeugs schreibe, das ohnehin niemanden interessiert außer vielleicht--

Mir, Carl, geht heute, da ich um Deine Vermählung weiß, auf, wie sehr meine Ablehnung damals kränken mußte; nur weshalb wandtest Du Dich letztlich von mir, nach bald vierzehn Jahren? Und ihr zu? Weil ich Dich nicht heiratete? Dir keine Kinder schenkte? Nicht jeden Deiner Liebeswünsche erfüllte? Oder, weil sie, Mariannen, mit ihrer Jugend Dir größere Reputation schafft, so gleichsam williger wird, als ich dies habe je sein können, dies hätte je sein mögen!

Egal, laß wenigstens künftig Du noch manch gutes Haar an Deiner einzig Wahren, wenn schon in den meinigen Kreisen Gerüchte Raum greifen, wonach s i e ihn, also i c h Dich, verlassen habe mitten im Sommer! Dich, den trefflichen Dichter, den Schöpfer der Epigonen, den Bühnenleiter und großen Bürger, der, wie sie sagen, der Adligen zweifelsfrei besser zu Gesicht stand denn umgekehrt. Und das, trotzdem sein, Dein, Antlitz keineswegs weich geschnitten wäre und es von daher Wunder nähme, daß sie ihn überhaupt angeschaut hätte ...

Bei Gott, wie fremd sind mir, Freundin, solche Gedanken! In all der Zeit, die wir hatten, lag das Ende unvorstellbar fern, nicht zu denken war an ein Danach, das, weil es ist, nicht wirklicher wird, irrig bleibt und grübeln macht. Über die Akkuratesse meiner Entscheidung, von Dir zu lassen, über den Sinn, mit Marianne ein Kind zu zeugen, welches Du nie wolltest. Und über die Zukunft, sich doch einzurichten über kurz oder länger, ohne zu wissen, was auf mich, alten Mann, Greis, zukommt!

Glaube mir Elisen, grau hängt der Himmel itzo.

Spül's herunter, Immermann! Ein Faxe drauf und Schluß! Brrr, dies schale Gesöff gäbe man nicht dem ärgsten Zecher. - Frau Wirtin, zahlen!

Nur buntes Papier, aber klingende Münze gibt es in die Hand. Was wollte ein Dichter mehr, als für bedrucktes Papier lustiges Geklimper im Beutel zu hören.

Ich bin auf den Hund gekommen! Was schrieb ich mit siebzehn in meinem Klosteraufsatz über die Eigenschaften des satirischen Schreibers? Alle und alles geißeln, mit schwarzer Tinte nur so um sich spritzen, die spitzen Federn in die Wunden drücken, wieder und immer wieder! Freiheit, Gleichheit, Brüderlichkeit!

Zum Teufel mit dem Despoten Napoleon! Wie sollte ich bei den Liebfrauen auch gelernt haben, daß zum Brote einem alsbald der Käse fehlt und Wasser eben nicht nach Wein schmeckt...

Die Zeit geht hin. Die Hälfte vom Ganzen ist mir geblieben. Ich will mich auf den Weg machen.

Was mag diese Säule dort bedeuten? Werden die Pamphlete und Poeme den Bürgern gezeigt? Aber niemand bleibt stehen.

Sinfoniekonzert, Bilder einer Ausstellung, grafische Blätter, Kunst im Funkhaus, Galopprennen, Handball, Veronika Fischer, die neue CD: Uferlose Zeiten. Kino: Die Macht der Liebe, Stirb langsam VII. Ha, wenn die wüßten!

Theater. Ein Spielplan. Kleist, Ibsen, Goethe, Schiller. Dazu jede Menge Oper und Komödie. Solch Publikum kenn' ich wohl! Das ist überall, nicht Sammlung, nur Zerstreuung suchend. Sie tun ja recht, ihre Faxen und Freuden sich einzufordern, denn sie wissen nichts von dem Danach.

Kein Stück von mir auf diesen Brettern, die die Welt bedeuten. Ist lange her, daß ich geboren bin. Und was man ausgesprochen, hängt einem ewig an.

Gern fragt' ich einen, ob das noch immer stimmt: Wenn man die Poesie gründlich ausrotten wollte, so müßte man die Dichter nach Magdeburg senden; wir haben hier nur Kanonen, Beamte und Krämer, und die Phantasie fehlt gänzlich in der Seelenliste.

Bücher über Bücher hinter spiegelndem Glas. Da hinein in den Tempel der Dichtung. Den Goethe in Breite haben sie. Und meinen einstigen Bruder Harry Heine - noch schmäler, aber genug: Sämtliche Gedichte. Von Tieck Novellen und, freilich, Märchen. Doch will ich mich finden, hier beim I.

Buchrücken an Buchrücken, welch Reichtum! Aber kein C.L. Immermann. Keine Gedichte von mir, keine Stücke, kein Münchhausen, kein Tulifäntchen. Nichts! War ich nicht?

Wie trüb das Blicken in die Klarheit. Viel Reichtum, viel Armut. Wäre ich nur nicht gekommen...

Bücher. Bücher. Briefe. Gewechselte Briefe: Franz Fühmann - Christa Wolf. Der Franz, ja - ja. Den Franz kenn' ich. Schriftführer der Zwecklosen Gesellschaft. Hoffnungsloser Fall. Ich schreib dir, Gräfin Elisa, einen letzten, allerletzten Brief, jetzt und hier, in einer Buchhandlung. Doch schon das Beginnen - eine Qual.

Liebste, verzeih, daß ich von Dir ging, verzeih meine ewigen Frauenbekanntschaften. Die mit Friederike und Amalie beispielsweise, mit so mancher anderen noch; daß diese jedoch, Edle, Dich trafen, bedachte ich nimmer im Glauben und der

Gewißheit, rein vor den Herrn treten zu können, weil niemals ich Dich, Einzige, wirklich betrog...

Allein, das Gegenteil aus Deinen Worten vom 13ten feststellen zu müssen, tut mir sehr wehe, weher, als ich auszudrücken imstande bin!

Mein Glück scheint bereitet mit der Eheschließung am zweiten Oktober, Dein Kummer aber bleibt ungestillt bis zum jüngsten Tag-- Der freilich wird enden, wie alles irgendwie endet.

Höre, Beste, darum den Schluß: Mitte August nahezu schenkte Marianne mir das lange ersehnte Kind. Eine Tochter, Caroline mit Namen. Doch ich indessen hatte nichts Besseres zu tun, als infolge Lungenschlags zu versterben, dreizehn Tage nach ihrer Geburt.

Willkommen und Abschied. Leb denn wohl, Freundin, bis irgendwann, demnächst ------

Der Sand rinnt durch das Stundenglas. Dreimal noch wird es gedreht, dann heißt es Abschied nehmen.

Ich sollte einen Baum suchen, dessen Rinde mein Messer annimmt. +++ Immermann war hier +++ 24. April 1996 +++

In die Schenke von vorhin? Sich stark trinken für die Rückkehr in den Höllenschlund Olymp? Oder noch ein wenig in diesem Büchertempel ausharren?

Man stellt Stühle. Leute kommen. Ich will sehen, was aus diesem Anfang wird.

Der Weißgelockte befiehlt einen Blumenstrauß auf den Marmortisch. Sie entrollen ein Bild. Allein, auf die Entfernung haben meine Augen schlechte Karten. Das Funzellicht der Amtsstuben und Dichterklausen hat ihren Glanz zerstört. Dann also herunter vom Balkon!

Was ist euch des Herzeigens wert?

Ein Porträt. Mir stockt der Atem. Das bin ja ich!

Und gerad' das Bildnis mochte ich nie. Schadow hat es machen lassen in seiner Werkstatt. Zuviel Schatten für meinen Geschmack, und so gepreßt haben meine Lippen nie verweilen müssen zu jener Zeit, da Elise an meiner Seite war und die Herren Verleger aufhorchten, wenn mein Name fiel.

Da kracht's zum Kachelboden nieder. Tief gefallen, hoch gegangen, hieß es zu meiner Zeit mit Blick zum Galgenberg vor der Stadt.

Ich helfe, Fräulein, Ihnen gern, es auf's Neue zu plazieren. - Possierliches Persönchen.

Eine Feier fände statt. Zum 200. Geburtstage von Immermann. Da müsse sie länger bleiben. Aber wenig Gäste würden kommen.

Ich sei ja da, sag ich.

Sie lacht, entblößt die weißen Zähne... Possierlich!

Ein Herr mit Bäuchlein und unruhigem Blick tritt vor.

Aha, eine Lesung. Mit Musik. Potztausend, von Mendelssohn-Bartholdy.

Felix, du spieltest vor, bei mir zu Hause. Ich liebte deine Art zu musizieren. Für das Theater warst du nicht geschaffen, doch ein feiner Kerl.

Zwei Junge lesen, und ich bin gespannt.

Zum Teufel mit der Eitelkeit! Jetzt sitze ich und höre ein Erzählchen über mich, das eigens zu diesem Tage entstand. Was woll'n die mir? Hab' ich nichts Besseres zu tun?

Und schrille pfeift das Ding vor ihren Mündern.

:Frei! Frei! Frei! Der oberste Rat hat entschieden, meinem Antrag stattgegeben. Dreizehn Stunden Erdenurlaub...

Danksagungen, Rechts- und Quellenhinweise

Wir danken allen Autoren oder ihren Rechtsinhabern für die Abdruckgenehmigung der Texte und Bilder, insbesondere:

Frau Dr. Maria Borgmann für den Text von Hans Heinz Stuckenschmidt. Aus: „Zum Hören geboren - Ein Leben mit der Musik unserer Zeit" Bärenreiter/dtv, 1982

Für den Text Joseph Roth, „Blick nach Magdeburg", aus Joseph Roth, Werke Bd. 3, © 1991 by Verlag Kiepenheuer & Witsch, Köln u. Verlag Allert de Lange, Amsterdam

Wolfgang Schreyer, „Vor Sonnenuntergang". Aus: „Der zweite Mann - Erinnerungen"; Manuskriptauszug

Frau Irmgard Schröder-Hauptmann, Gedicht „Blumen im Schutt". Aus: „Des Lebens Lied", Gedichte, Druck Heinrich Rüttgerodt, Einbeck

Wolfgang Schreyer, für „Brigitte Reimann in Magdeburg", Aus: „Almanach 1994/95", Literarische Gesellschaft Magdeburg e.V., Literaturhaus, Thiemstraße 7, 39104 Magdeburg

Für den Text von Franz Fühmann, „Mein erster Barlachtraum" und „Tagebuch vom 22.4.62" (aus dem Tagebuch gezogen für den Magdeburger Antiquar und Sammler Reinhard Selz) Letzteres aus: „Unter den Paranayas", Traumerzählungen, Hinstorff-Verlag, Rostock, 1988

Horst Krüger für „Lachend durch den Sozialismus". Aus: „Fremde Vaterländer - Reiseerfahrungen eines Deutschen", R. Piper & Co. Verlag, München, 1971

Waltraut Zachhuber, Giselher Quast, „Anstiftung zur Gewaltlosigkeit - Herbst '89 in Magdeburg", herausgegeben von der Beratergruppe Dom des Gebetes um gesellschaftliche Erneuerung im Magdeburger Dom, imPULS Verlag, 1991.

Bei den an dieser Stelle nicht nachgewiesenen Texten handelt es sich um erstveröffentlichte Originalbeiträge der Autoren.

Foto- und Archivnachweise

Foto- oder Archivnachweis mit Seitenzahlen:
Dieter Beyer: 39
Jürgen Goldammer: 36/37, 45, 132/133
Hans-Joachim Krenzke: 3, 11, 26, 32, 65, 72/73, 79, 91, 95, 96/97, 105, 119, 120, 125, 137, 141 und Titelvorlage
Literaturarchiv Neubrandenburg: 56, 57
Magdeburger Antiquariat: 60/61, 82/83, 84, 88/89
Wolfgang Schreyer: 67
Joachim Schröder: 52
Adalbert Schwarz: 6, 12/13, 18, 20/21, 23, 24, 28/29, 50/51
Ullstein-Bilderdienst: Kurt Schwarzer 42, gardi: 81
Wolfgang Zeyen: 102/103, 108, 109, 112